HISTORIA CÍCLICA

VERSALLES

Historia comparada y patrimonio cultural

JOB FLORES FERNÁNDEZ

© Job Flores Fernández, 2020
Edición e impresión por BoD – Books on Demand
info@bod.com.es – www.bod.com.es
Impreso en Alemania – Printed in Germany

Una adaptación del Trabajo Fin de Máster titulado:
"La comparación histórica en el estudio y la interpretación del patrimonio cultural"
Máster Oficial en Patrimonio Histórico y Cultural. Universidad de Huelva, 2018.

Imagen de portada: fotografía y composición del autor.

ISBN ES 9788413267166

Si cuantos quieren tener un conocimiento exacto de lo hechos del pasado y de los que en el futuro serán iguales o semejantes, de acuerdo con las leyes de la naturaleza humana, si estos la consideran útil, será suficiente. En resumen, mi obra ha sido compuesta como una adquisición para siempre.

Tucídides (ed. 1990, pp. 164-165).

ÍNDICE

Notas: añadidos entre corchetes [ ] (páginas 57, 68, 95-96). Tres puntos antes de una frase, señalan una cita traducida por el autor.

1. INTRODUCCIÓN Y JUSTIFICACIÓN

Lejos de considerar la educación patrimonial como un fin en sí mismo, hoy se tiende a utilizar el patrimonio como una fuente de conocimientos sobre nuestro pasado histórico, que permite promover valores cívicos en el presente, afianzar la identidad cultural del ciudadano, y fomentar aprecio y respeto por otras sociedades (Cuenca López y Martín Cáceres, 2014, pp. 27-29).

Esto exige abordar el estudio y la interpretación del patrimonio cultural desde una perspectiva holística, global, e integradora; pues según Mattozi

> Estos bienes culturales forman parte de sistemas, y la comprensión de su significado y valor se incrementa cuando cada uno de los objetos se vincula con otros en relaciones de sincronía, diacronía, génesis, derivación, analogía o diferencia, asumiendo así el patrimonio una dimensión sistémica para producir procesos de comprensión de los sistemas a los cuales pertenecen los bienes objeto de estudio (citado por Martín Cáceres, 2012, p. 105).

A este respecto, la llamada "historia comparada" resulta de un gran valor, ya que permite interpretar el bien cultural como parte de un proceso, y relacionarlo con otros elementos y eventos, similares o contrarios, a fin de definirlo y comprenderlo mejor. Del mismo modo, estos métodos pueden favorecer nuevas interpretaciones e interrogantes, desbordando las fronteras espacio-temporales, y permitiendo establecer analogías y diferencias entre sociedades pasadas y presentes, o entre diversos contextos geográficos y nacionales (Caballero Escorcia, 2015, p. 53).

Pensamos por tanto, que aplicando la historia comparada a la investigación patrimonial, podríamos facilitar la comprensión de los bienes culturales; pues la exigencia de compararlos entre sí, permite resaltar sus características comunes, pero también aquellas que los hacen únicos y singulares.

Además, opinamos que la comparación del momento histórico en el que se produjo el bien cultural, con los datos referidos al clima y la economía entre otros, podría ayudarnos a dilucidar las posibles causas o condicionantes que influyeron en su creación. Y lo cierto es que, de un modo u otro, la explicación de los bienes culturales mediante comparaciones, favorece sin duda la consecución de esa visión holística y sistémica que pretendemos.

Así mismo, debemos recordar que recientemente han surgido diversas teorías y maneras de analizar y modelizar la historia, que se basan en una metodología comparativa, y que aún no están siendo utilizadas con profusión en el estudio y la interpretación del patrimonio cultural.

Por todo ello, pensamos que esta investigación podría mostrarnos de qué manera la comparación histórica facilita la comprensión de los bienes culturales; pero además, aportaría una nueva perspectiva desde la que analizar el patrimonio, basada en la exploración y aplicación de estos incipientes modelos teóricos surgidos de una comparación sistemática de la historia.

2. ESTADO DE LA CUESTIÓN

Hasta el día de hoy, de forma casual o sistemática, las comparaciones entre personajes y momentos históricos, entre obras artísticas, literarias y filosóficas, o entre la tecnología pasada y presente, se emplean con frecuencia en la didáctica y difusión del patrimonio.

Estas suelen aparecer en la forma de propuestas museográficas. Un ejemplo lo tenemos en la exhibición de una eolípila romana junto a los primeros automóviles en el Museo de Historia de la Automoción de Salamanca. De esta manera, aquel ingenio romano accionado con vapor, se presenta como el precedente de la máquina de vapor moderna, y por tanto, de los actuales motores (Baumol y Blinder, 2011, p. 437). Del mismo modo, la Biblioteca Nacional exhibe piezas artísticas en su "Sala de las Musas", "inspirándose en la idea del *Museion* de Alejandría, y a modo de templo de las Musas" (BNE, s. f.).

Pero también la comparación histórica se utiliza en talleres patrocinados por las propias instituciones museísticas. Uno de ellos, basado en el mosaico romano, fue titulado por el Museo de Huelva como "Píxeles de piedra". La semejanza plástica entre la antigua tesela y el moderno píxel es del todo sugerente y significativa, y nos permite captar la esencia de ambos conceptos.

Y ya más específicamente, este tipo de comparaciones pueden encontrarse en textos divulgativos para jóvenes, en la enseñanza formal, y en publicaciones científicas. Como ejemplo, Nocete y Nocete (2015) asemejan en una de sus obras, cada uno de los procesos y herramientas de la metalurgia del tercer milenio a.n.e. con los utilizados hoy en día. Estas comparativas, ilustradas mediante cuidadas fotografías, permiten comprender la función de los útiles pasados y presentes, y muestran también el avance tecnológico de nuestra época.

Desde esta misma perspectiva, en una página de recursos didácticos en línea, se muestra un mecanismo automático de apertura de puertas accionado con vapor, que data de la época romana.

El propósito es igualmente, "que los alumnos entiendan que muchos de los mecanismos y de la tecnología que usamos actualmente tienen su base científica en inventos que se desarrollaron en Alejandría hace más de 2.000 años" (EduCaixa, s.f.).

Son propuestas didácticas, que pueden nutrirse a su vez de comparaciones que hallamos en los textos históricos. Pues lo cierto es que, de manera subliminal o anecdótica, la comparación en este tipo de relatos se remonta a clásicos como Tucídides, aunque actualmente forman parte de una metodología que se ejecuta de forma consciente y sistemática (Maier, 1992, pp. 11-12).

Esta manera de "hacer historia", tiene sus antecedentes en Ibn Jaldún, N. Maquiavelo, G. Vico, o Voltaire; pero se consolida especialmente entre los siglos XIX y XX, de la mano de economistas (C. Juglar, J. Kitchin, N. Kondratieff, J. Schumpeter, S. Kuznets, J. Forrester, E. Mandel, G. Mensch, E. R. Dewey, R. Wheeler y M. Armstrong), historiadores (H. Adams, P. Q. Wright, A. Schlesinger, Sr., y A. Schlesinger, Jr.), sociólogos (K. Marx, A. Tocqueville, M. Weber, M. Bloch y O. Hintze), o de los que podríamos denominar como "filósofos de la historia" (O. Spengler, A. Toynbee y A. Deulofeu). Actualmente, citaríamos a autores tales como J. Barzun, A. de Riencourt, J. M. Otero Novas, F. Braudel, P. Kennedy, y A. de Miguel. Algunas de las teorías y tendencias más experimentales y novedosas en este campo son:

- I. *Teorías de la Estabilidad Hegemónica o de los Ciclos Hegemónicos*.
    a) *Sistema-Mundo* de I. Wallerstein, A. G. Frank, B. K. Gills, G. Arrighi y J. Goldstein. En este contexto incluimos a la cercana *Cliodinámica* de P. Turchin.
    b) *Ciclo Largo*, de G. Modelski, W. R. Thompson y T. Devezas.

- II. *Teoría Generacional de Strauss-Howe*, que lleva el nombre de sus creadores.

Estas modernas teorías, se basan en la regularidad de factores cuantificables relativos al clima, la economía, o la sucesión generacional, para modelar una historia dividida en tramos temporales semejantes, y por tanto, comparables entre sí.

Por ese motivo, el concepto de "ciclo" es común a muchas de ellas. Esta palabra proviene del griego *"kýklos"* (círculo o rueda), y alude a un proceso repetitivo conformado por una serie de etapas. Así, aunque la historia evidentemente nunca es la misma, a menudo pueden aparecer procesos parecidos o semejantes que sigan una evolución pareja. En este sentido, A. Toynbee comparó la historia a un carro, que avanza hacia adelante pero gracias a los movimientos repetitivos de las ruedas (citado por Parel y Keith, 2003, p. 60).

Esto nos remite a su vez a un modelo explicativo al que Bas (2010) llama "Teoría de los ciclos de larga duración", donde la historia puede explicarse "por la sucesión de ciclos económicos, en los que se alternan períodos de recesión con otros de auge, y donde el punto de inflexión se produce cada 25 años aproximadamente" (p. 70). Menciona también la "teoría de catástrofes", donde "las formas y los procesos tienen zonas de inestabilidad; al atravesar estas, se descomponen para acabar recuperando la compostura. La teoría de catástrofes refleja, en definitiva, órdenes que se transforman integrando desórdenes mediante una mutación (catástrofe)" (p. 139).

Por todo ello, pensamos que esta manera de entender y explicar la historia, con los matices que cada escuela y autor pueden aportar, ofrece de entrada un amplio campo de comparaciones establecidas, así como una metodología que permite explorar un sinfín de circunstancias semejantes. Y el resultado para la didáctica, es siempre una visión holística, sintética y sistémica de esa historia que produjo y modeló los diversos bienes culturales que integran nuestro patrimonio.

3. OBJETIVOS

Este estudio tendría, como objetivo principal, mostrar de qué manera estas comparativas que mencionamos (tradicionales y experimentales), pueden usarse para estudiar y contextualizar los bienes culturales, facilitando así su posterior interpretación y didáctica.

Proponemos, además, los siguientes objetivos específicos:

1. Elegir un estudio de caso concreto, donde poder aplicar este método comparativo mediante la elaboración de gráficas.

2. Exponer de qué manera la sucesión dinástica y los cambios económicos, sociales y climáticos, afectan, pueden explicar, y permiten comprender mejor el patrimonio (comparación sincrónica, análisis causal).

3. Demostrar que las características estilísticas de una obra de arte, su evolución histórica, así como sus referentes y su influencia posterior, se definen mejor cuando se comparan con otros bienes culturales de propiedades y rasgos similares o hasta opuestos (comparación diacrónica, de series temporales).

4. Resaltar la utilidad de estos estudios comparados en la didáctica y difusión del patrimonio, pues pensamos que las gráficas resultantes de la investigación, así como los ejemplos surgidos, podrían emplearse posteriormente en propuestas museográficas, a modo de paneles explicativos, o insertarse en textos y recursos en línea o impresos.

Para la consecución de estos objetivos, hemos seleccionado como caso concreto de estudio el palacio de Versalles, por ser un bien muy emblemático, conocido y estudiado, del que pueden obtenerse muchos datos precisos.

Aunque nos centraríamos en la época principal, la de Luis XIV, su construcción se dilató en el tiempo, abarcando diversas generaciones y etapas históricas. Consideramos por ello, que resultaría especialmente útil para nuestros propósitos.

En este caso específico, los objetivos se concretarían en la generación de una serie de gráficas que mostrarían la influencia de los ritmos económicos, climáticos y generacionales en la configuración del palacio.

Otra serie de imágenes y diagramas, servirían para mostrar la evolución de este bien cultural a través del tiempo, permitiendo la comparación estilística entre sus diversas fases. Este último bloque temático, incluiría comparativas entre el famoso palacio francés y otras obras de estilos semejantes y dispares, que permitan resaltar sus características comunes y específicas.

Por último, ya en las conclusiones, reflexionaríamos sobre si efectivamente pudiera resultar útil u oportuno este método experimental en el estudio y la interpretación de los bienes patrimoniales.

4. METODOLOGÍA

La comparación es un instrumento que se usa comúnmente dentro de los diferentes paradigmas o modelos de investigación explicados por Quiroga (2007).

Desde el punto de vista *positivista* o *empírico* (cuantitativo y prediccionista, basado en el experimento), se empleará para hallar leyes generales y objetivas a través de la estadística.

Por otro lado, desde un enfoque *interpretativo* o *humanista* (cualitativo, basado en el descubrimiento), su uso irá dirigido a la comprensión de los elementos interconectados que pueden influir en que un hecho se produzca de un modo concreto. Este enfoque se basa en la diferencia, y se usa para el estudio de casos específicos.

Por último, aparece el enfoque *sociocrítico*, destinado a la práctica, a la aplicación de soluciones derivadas de la investigación.

Estos paradigmas, dan lugar a una serie de metodologías: las cuantitativas, las cualitativas, y las mixtas. Los beneficios de estas últimas, son puestos de relieve por K. Pole (2009), cuando afirma que son capaces de "responder a preguntas que otros paradigmas no pueden" (p. 39). Según la autora, mediante estas sería posible confirmar un evento mediante datos estadísticos (cuantitativos), y luego estudiar las razones que dieron lugar al suceso mediante un estudio de caso (cualitativo); o también generar una teoría mediante datos cualitativos y luego ponerla a prueba mediante métodos cuantitativos (p. 40).

De este modo, aunque en la Historia del Arte primen las metodologías cualitativas, pensamos que su estudio puede enriquecerse mediante el empleo de datos cuantitativos. Recordemos además, que esta disciplina histórica (a diferencia de otras más recientes) cuenta con datos numéricos que se remontan hasta los orígenes de la humanidad, referidos a la datación de obras de arte y a la duración de los diversos estilos.

En este caso, la metodología que pudiéramos emplear es la llamada "analogía histórica" o "historia comparada". Para Maier (1992, pp. 11-12), explicar la historia implica de por sí comparar los eventos precedentes con los posteriores, y los de un territorio con otro, distinguiéndolos. Cita también el "método de la diferencia" y el "de la concordancia" de John Stuart Mill, es decir, buscar lo dispar en situaciones semejantes, o lo común en elementos diversos. Marx y otros sociólogos, incluso trataron "de descubrir las leyes generales del desarrollo social" mediante comparaciones históricas.

Además, Caballero Escorcia (2015) señala las ventajas de este método para superar el encerramiento tradicional de tratar un solo evento en un determinado lugar, permitiendo así enriquecer y matizar los relatos. La define de hecho, como

> Un área de la disciplina histórica que de manera rigurosa aplica el método comparado, cuyo propósito fundamental es la comparación sistemática y minuciosa de un proceso o una institución (…) con la finalidad de obtener explicaciones sobre un fenómeno o para verificar hipótesis planteadas por una investigación particular, o como parte de la discusión historiográfica de un tema de interés (p. 50).

Menciona también la definición de Bloch:

> Elegir, en uno o más medios sociales diferentes, dos o más fenómenos que a primera vista parecen presentar ciertas analogías entre sí, describir sus curvas evolutivas, constatar las similitudes y las diferencias y explicarlas en la medida de lo posible (citado por Caballero Escorcia, 2015, p. 50).

Partimos por tanto de la base, de que es necesario encontrar elementos *semejantes*, es decir, con características comunes y diferentes a la vez, que justifiquen el estudio. Pero advierte que, según Castro Alfín, una investigación poco sistemática, aportaría poco conocimiento, generaría "malas interpretaciones del pasado", o "engañosos paralelismos anacrónicos" (citado por Caballero Escorcia, 2015, p. 55). Finalmente, Bas (1999), le añade un cariz práctico a la analogía histórica cuando la define como un método que compara "modelos históricos con situaciones existentes" (p. 142).

Por otro lado, Caballero Escorcia (2015) presenta distintos enfoques de este método citando a varios autores, entre los que señalamos a:

1. Bloch, que distingue dos (citado por Caballero Escorcia, 2015, p. 58):
   - *Comparaciones entre sociedades muy distantes en espacio y tiempo*. Se trata de hallar principios generales, y son propias de la Antropología y la Sociología.
   - *Comparaciones entre sociedades contemporáneas que se influyen mutuamente*.

2. Tilly, en cambio, propone categorías opuestas: la *Comparación individualizadora* frente a la *Comparación universalizadora*; y la *Comparación identificadora de la diferencia*, frente a la *Comparación globalizadora*[1] (citado por Caballero Escorcia, 2015, p. 59).

3. Olábarri Gortázar (1992), las presenta más bien como:
   - *Herramienta de investigación*, pues ayuda a plantearse cuestiones y ver un acontecimiento desde diversos ángulos, genera nueva información, y lleva a la búsqueda de amplias fuentes de datos que puedan ser comparados (pp. 56, 58). Cita a Bloch, cuando señala que puede ser útil en la interpretación para determinar las causas (verdaderas o falsas) de un acontecimiento, su grado de originalidad, así como para verificar hipótesis (pp. 58-59).
   - *Análisis de un mismo proceso o institución concretos* en varias sociedades distintas.
   - *Estudio de "grandes estructuras" y "procesos amplios"* (p. 62), en el que cita a filósofos de la historia como I. Wallerstein.
   - *Instrumento de síntesis*. Cita ahora a Redlich, cuando afirma que puede servir tanto para resaltar la unicidad (lo peculiar) del hecho histórico, como para buscar rasgos generales, constituyendo un "terreno medio" que "puede sintetizar la esencia de la historia" (p. 64).

---

1 En este último par de opuestos, se refiere a elementos *inmersos en un sistema*, donde pueden apreciarse las variaciones o las respuestas comunes, según el caso.

En cuanto a las fases de la comparación, Caballero Escorcia (2015) propone tres momentos:

1. Establecimiento del *tertium comparationis*, es decir, dos elementos a comparar y un tercero: una o varias cuestiones que sustentan la comparación, y que sirven de elemento orientador (p. 62). A continuación, y en base a la anterior cuestión, se seleccionan las unidades de comparación, y los "atributos" o los "puntos" que se quieren comparar (pp. 63-64).
2. Descripción de "curvas evolutivas": se aísla y describe cada caso, según los atributos de la comparación, entendiendo su desarrollo, y en relación con toda la constelación de fenómenos que lo condicionan y determinan. Es decir, cada uno de los casos debe ser entendido como un todo lleno de sentido (pp. 64-65).
3. Una vez estudiado cada caso por separado, se pasa a un análisis comparativo, que permitirá entrever las similitudes y las diferencias, y que dará lugar a una síntesis final (p. 65).

Aplicando estos parámetros al estudio de caso elegido, el palacio de Versalles, las fases de nuestra investigación serían por tanto:

1. Estudiar y definir las etapas constructivas del palacio de Versalles.
2. Comparativa causal: tratar de explicar esta secuencia como el resultado de los hechos históricos de la época, comparando las fases constructivas con las etapas económicas, bélicas, dinásticas, y hasta climáticas, establecidas por autores como Goldstein (1988) o Wallerstein (2017).
3. Comparativa secuencial: estudiar la evolución de los estilos artísticos durante la época de su construcción (Barroco: Luis XIII, Luis XIV, Luis XV) y en comparación con los inmediatamente colindantes (Renacimiento y Neoclásico); así como con sus referentes del mundo clásico (el llamado "barroco helenístico").
4. Generar gráficas que resuman los resultados y puedan usarse en la didáctica de este bien cultural.

5. RESULTADOS:
VERSALLES COMO ESTUDIO DE CASO

5.1. UN PALACIO BARROCO

Versalles es el palacio barroco por excelencia, dado que además, su construcción duró casi tanto como el estilo. Según Palomero Páramo (1996, pp. 212, 279-280), "barroco" es el adjetivo que se aplica a la cultura europea del siglo XVII y parte del XVIII. Es la época de la monarquía absoluta, del mercantilismo y de la Contrarreforma.

Siendo más concretos, podemos decir que este estilo surge a finales del siglo XVI, y que se extiende hasta 1750-1770. Según el mismo autor, a menudo se le ha descrito como "excesivamente complicado, ampuloso, recargado" (1996, p. 211).

Es por eso que a veces se compara al estilo barroco (y especialmente a su última etapa, el rococó) con la fase final del arte gótico, caracterizada igualmente por su exuberante decoración. A este respecto, Focillon (citado por Aullón, 2013, p. 76, cursivas nuestras) escribía:

> ...En todos los ambientes, en todos los períodos de la historia, las épocas o estos estados presentan las mismas características formales, así que no hay que sorprenderse de constatar las *estrechas correspondencias* entre el arcaísmo griego y el arcaísmo gótico, entre el arte griego del siglo V, y las figuras de la primera mitad de nuestro siglo XIII; *entre el arte flamígero, este arte barroco del gótico, y el arte rococó*. La historia de las formas no se traza con una línea única y ascendente. Un estilo llega a su fin, otro nace a la vida.

Por otro lado, una manera sencilla de comprender la estética barroca, es comparándola con los estilos precedentes y posteriores. De hecho, según el juicio peyorativo del siglo XIX, el barroco se definía "por oposición a las normas clásicas que el arte del Renacimiento había definido y que los degenerados artistas posteriores se habían encargado de corromper" (Palomero Páramo, 1996, p. 211).

Recordemos que el arte barroco se agota con el surgimiento del neoclasicismo, que como el propio término indica, "representa la segunda oleada recuperadora de la antigüedad greco-latina en la Historia del Arte. El Renacimiento lo precedió en esta nostálgica empresa cultural" (Palomero Páramo, 1996, p. 279). Tenemos pues un periodo de unos 180 años que parece romper la intención de recuperación del mundo clásico que le precede y le sucede.

Finalmente, este gran periodo de arte clásico (del Renacimiento al neoclásico), que alberga al barroco en su interior, se enmarca de nuevo entre el estilo gótico y el neogótico. Recordemos que el estilo gótico surge cerca del año 1150, y que se extiende hasta el siglo XVI en algunos países (Palomero Páramo, 1996, p. 117). El neogótico en cambio, hace su aparición a mitad del siglo XIX (p. ej. *Palacio de Westminster*, 1840-1860) (Díez Medina y Sánchez Lampreave, 2014, p. 58).

Su influencia continúa a lo largo de los siglos XX y XXI a través de la primera y segunda generación de rascacielos[2]. Este influjo, se hace evidente hoy en las modernas estructuras o armazones metálicos tendentes a la verticalidad y recubiertos de cristal[3].

---

2 La primera comenzaría con el *Home Insurance Company Building* (Chicago, 1883-1885); y la segunda, con edificios de fachadas totalmente acristaladas, como en la *Lever House* (Nueva York, 1950-1952) (Pérez Soler, 2012, pp. 112-113, 117, 129, 139, 141, 144, 145). Aparecen en el gráfico 26 (página 131), que se explicará más adelante.

3 Algunos, plenamente neogóticos, autenticas "catedrales profanas" (Pérez Soler, 2012, p. 115), como el *Woolworth Building* (Nueva York, 1910-1913), el *Torre Tribune* (Chicago, 1923-1925), o las famosas gárgolas del *Chrysler Building* (1928-1930) (Pérez Soler, 2012, pp. 112-113, 120-121, 126-127). Este último aparece en el gráfico 3 (página 31), que se explica más adelante.

a. Estudios históricos, sociales y económicos

François Simiand (1873-1935) elaboró una teoría de "ciclos económicos seculares" que duran unos 250 años aproximadamente, y que constan de una fase A (tendencia ascendente), y de una B (tendencia descendente) (citado por Wallerstein, 1984 b, p. 5).

Por otro lado, tenemos las teorías de Braudel (1902-1985), uno de los más famosos historiadores de la Escuela de los Annales. Este autor concibió una "historia lenta en fluir y en transformarse, hecha no pocas veces de insistentes reiteraciones y de ciclos incesantemente reiniciados" (Braudel 1987, p. 17). El autor, utiliza tres períodos simultáneos para narrar la historia: el de larga duración (*longe durée*), el de mediana (*conjoncturelle*)[4] y el pequeño o corto (*événementielle*) (Lai, 2004, p. 4; Wallerstein, 2001, pp. 136-137). Según De Miguel (1986, pp. 45-47), estos serían los ciclos determinados por Braudel para esta época (en negrita. Ver gráfico 1, en la página 27, donde hemos añadido los nombres de los estilos):

A. 1250-1350	B. 1350-1508
A. 1508-1650	**B. 1650-1740**
A. 1740-1817	B. 1817-1896
A. 1896-1974	B. 1974- …...

A partir de estas teorías, Wallerstein (1984 b) describe la fase B, la de crisis o contracción de la Edad Moderna[5], datándola entre 1600 y 1750 aproximadamente, y

4 Procesos de entre "10-50 años", similares a los ciclos económicos de Juglar y Kondratieff (Lai, 2004, pp. 4, 110). O "*cyclical history*", según Wallerstein (2001, p. 136).

5 Para Wallerstein (1987), el modo de producción feudal experimentó, desde 1150 a 1300, una expansión de carácter demográfico, geográfico y comercial. Esta fue seguida de una contracción entre 1300 y 1450 en esos mismos campos, que acabó además en una crisis política y cultural (p. 52). Él la explica como el "producto de tendencias económicas cíclicas", "el producto de una tendencia secular", y una consecuencia "climatológica" (pp. 52-53). Así aparecen en Wallerstein (2017, p. 12):

considerándola "un ejemplo del modelo cíclico de expansión y contracción" (pp. 5, 12). Defiende no obstante, una continuidad entre los siglos XVI y XVII[6] , pero entendido uno como de expansión (A), y el otro como de contracción (B). Wallerstein (1984 b) los define como "el periodo que va de 1450 (o 1500) a 1650 y el que va de 1600 a 1750 (la superposición de las fechas es deliberada)" (p. 13).

Pero para Wallerstein (1984 b), esta fase B, presenta mejor "un cuadro de medianía económica, un tiempo de respiro, preocupación, reajuste", pero no una verdadera "crisis[7]" como la que ocurrió con el feudalismo entre 1300 y 1450. Aunque "los síntomas fueron los mismos", la contracción u oscilación del XVII fue mucho más moderada (pp. 25, 35). La diferencia fue "la respuesta del sistema al fin de la expansión", pues mientras de 1300 a 1450 se produjo un *"descenso"*, entre 1600-1750 existió solo una *"estabilización"* (p. 35).

La primera llevó "a la crisis de una estructura social", la segunda, "a un *reforzamiento* de las estructuras del Estado" (pp. 35, 40). En este sentido, interpreta la afirmación atribuida a Luis XIV *"L'État cést moi"*, como un "signo de la relativa debilidad del Estado" (p. 45). Estas serían por tanto las fases explicadas por Wallerstein (nota 5):

A. 1000/1100-1250/1300	B. 1250/1300-1450/1500
A. 1450/1500-1600/1650	**B. 1600/1650-1750**

- *Edad Media tardía*. Fase A: 1000 (1100)-1250; Fase B: 1250 (1300)-1450.
- *Inicios de la Edad Moderna*. Fase A: 1450-1600 (1650); Fase B: 1600 (1650)-1700 (1750).

6 Pues "las fronteras creadas hacia 1500 no variaron de forma significativa hasta después de 1750" (Wallerstein, 1984 b, p. 12).

7 "El término *crisis* no debería ser degradado hasta convertirlo en un mero sinónimo de *cambio cíclico*. Debería reservarse para aquellas épocas de tensión dramática que son algo más que una coyuntura y marcan un hito en las estructuras de *longue durée*" (Wallerestein, 1984 b, p. 11).

Cita a demás a Roland Mousnier (p. 5), quien describe este siglo XVII (1598-1715) como:

> La época de una crisis que afecta al hombre en su totalidad, en todas sus actividades -económica, social, política, religiosa, científica, artística- y en todo su ser, en lo más profundo de sus fuerzas vitales, en su sensibilidad y en su voluntad. Se puede decir que la crisis es permanente, pero con violentos altibajos.

Notemos, además, que dentro del estilo gótico, su fase más recargada o "barroca", ocurre igualmente en una fase B de los ciclos económicos (ver gráfico 1 en la página 27).

Frank y Gills (1996), establecen igualmente ocho ciclos seculares entre el 1700 a. C. y el 1600 d. C., entre los que destacamos los siguientes (p. 188. Ver gráfico 1, en la página 27):

7	B: 750/800-1000/1050 *Prerrománico*	A: 1000/1050-1250/1300 *Románico-Gótico*
8	B: 1250/1300-1450 *Gótico final*	A: 1450-1600 *Renacimiento*

Nota: el texto en cursiva ha sido añadido por nosotros.

Según Turchin y Nefedov (2009, pp. v-vi), el inicio del Barroco coincide con el fin del ciclo secular, que transcurre mayormente durante el reinado de los Valois (1450-1660 d. C., 210 años), y termina con los primeros Borbones. Sería igualmente similar a la anterior etapa de crisis del final de la Edad Media (Capetos, 1150-1450 d. C., 300 años) (Ver gráfico 1, en la página 27).

CAPETOS	Expansión	Estancamiento	Crisis	Depresión
1150-1450	1150-1250	1250-1315	1315-1365 *Primer rey Valois Felipe VI (r. 1328-1350)*	1365-1450
VALOIS	Expansión	Estancamiento	Crisis	Depresión
1450-1660	1450-1520	1520-1570	1570-1600 *Primer rey Borbón Enrique IV (r. 1589-1610)*	1600-1660

Nota: el texto en cursiva ha sido añadido por nosotros.

Para Deulofeu, el llamado "Imperio Francés" (gráfico 2, página 28) habría vivido su primer "proceso agresivo (fase federal)" entre 1594 y 1697, sufriendo su primera "depresión" entre 1697-1793 (Guitérrez, 2014, p. 52; Deulofeu, 1973, pp. 132-134). La curva explicada por Deulofeu, describe bien la intensidad de la actividad constructiva en Versalles. Esta se inicia tímidamente con Luis XIII (r. 1610-1643), alcanza su apogeo con Luis XIV (r. 1643–1715), y de nuevo disminuye en las últimas edificaciones de Luis XV (r. 1715–1744). Esto puede observarse en los vídeos de Versailles 3D (s.f. a), RMC (s.f.), y se analizará en el apartado 5.2.

Otero Novas (2007) establece oscilaciones entre los periodos opuestos que él llama "apolíneo" y "dionisíaco". En el arte, están representados por la corriente apolínea del clasicismo (mediados del XVI), el barroquismo dionisíaco del XVII, y la vuelta al neoclasicismo apolíneo del XVIII (pp. 82-83).

LA CRISIS MEDIEVAL Y LA DEPRESIÓN BARROCA

GRÁFICO 1

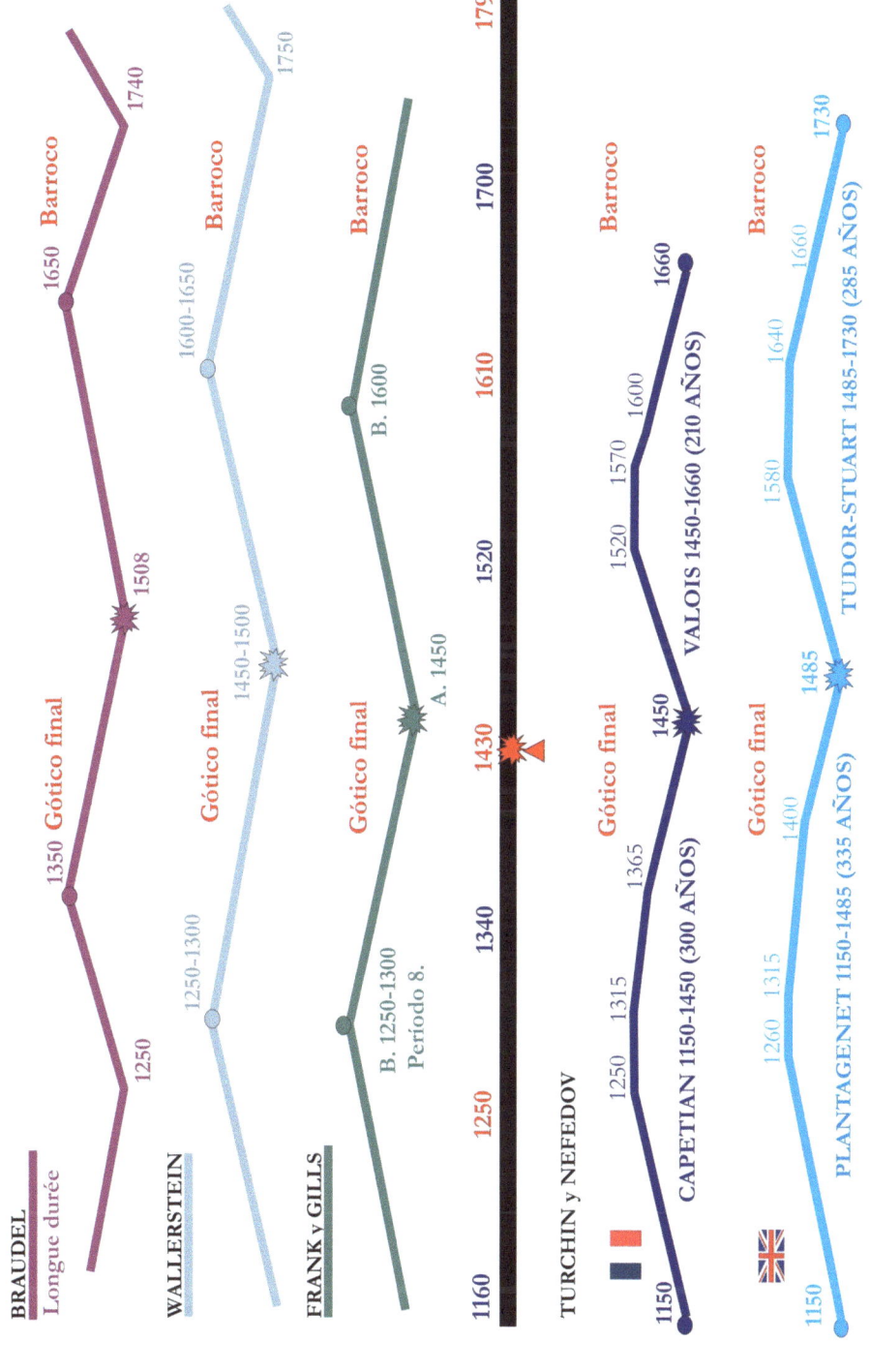

JOB FLORES FERNÁNDEZ © 2018

27

GRÁFICO 2

EL BARROCO FRANCÉS

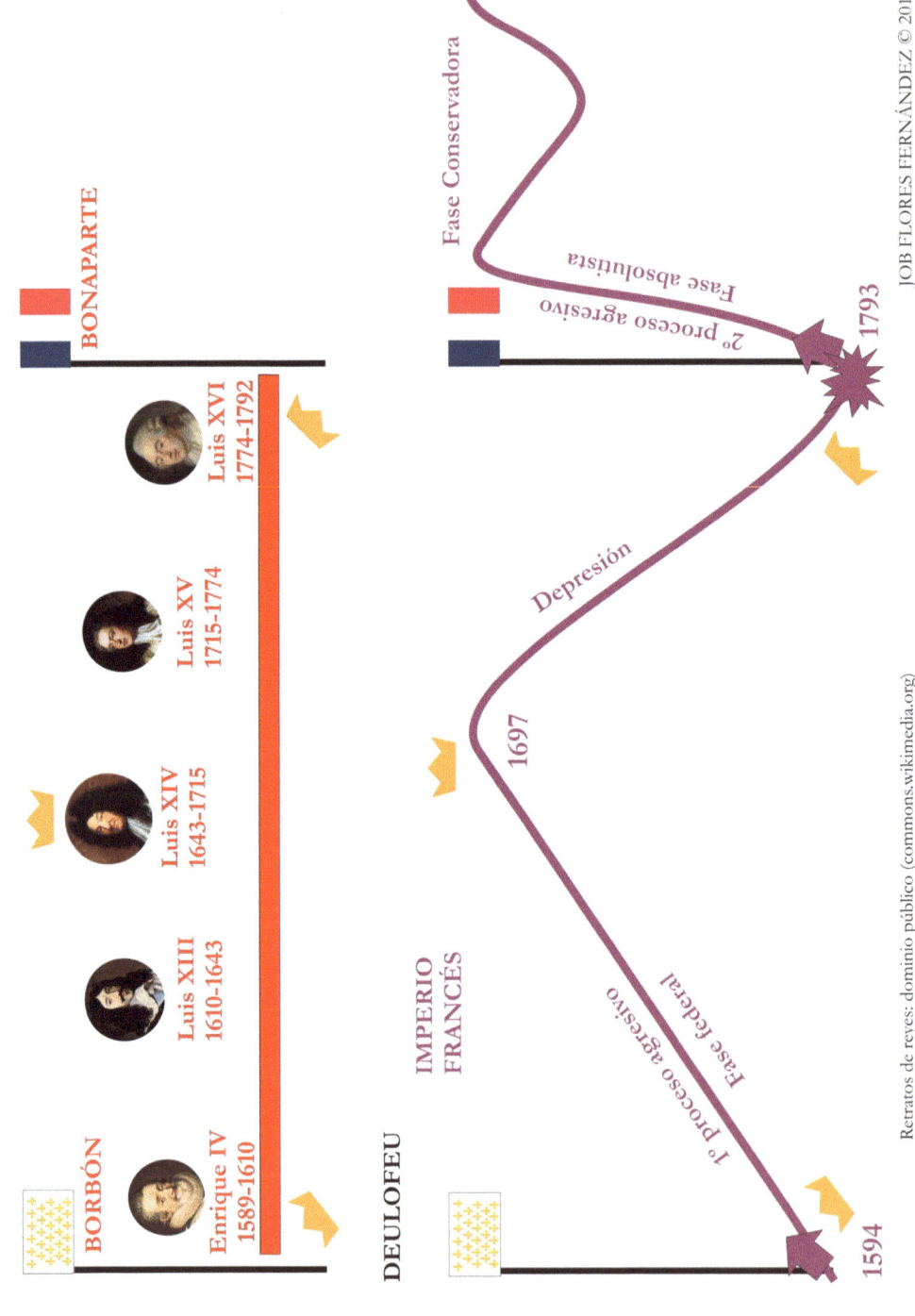

BORBÓN

Enrique IV
1589-1610

Luis XIII
1610-1643

Luis XIV
1643-1715

Luis XV
1715-1774

Luis XVI
1774-1792

BONAPARTE

DEULOFEU

IMPERIO FRANCÉS

1594

1º proceso agresivo
Fase federal

1697

Depresión

1793

2º proceso agresivo
Fase absolutista

Fase Conservadora

Retratos de reyes: dominio público (commons.wikimedia.org)

JOB FLORES FERNÁNDEZ © 2018

28

b. Secuencia dinástica

El palacio de Versalles se construye fundamentalmente durante el periodo barroco, que es a su vez la etapa durante la cual gobernó la casa de Borbón en el país galo. De este modo, la construcción de Versalles, el arte barroco, y la dinastía borbónica, mantienen una estrecha concordancia temporal. Esta puede observarse a través de los siguientes datos:

- Casa de Borbón en Francia, reinado continuado: 1589-1792 (gráfico 2, en la página 28). Enrique IV (r. 1589–1610), Luis XIII (r. 1610-1643), Luis XIV (r. 1643–1715), Luis XV (r. 1715–1774) y Luis XVI (r. 1774–1792)[8].

- Barroco: 1600 (fin del XVI) al 1750-1770 (Palomero Páramo, 1996, pp. 211-212, 224, 260, 279-280).

- Palacio de Versalles: edificado principalmente durante los reinados de Luis XIII (pabellón de caza y palacete), Luis XIV (como plataforma política y capital del reino), y Luis XV (quien culmina las obras de sus antecesores) (Versailles 3D, s.f. a). Esto es, entre 1610 y 1774 aproximadamente.

c. Influencias climáticas y medioambientales

Braudel alude a la *"pequeña época glaciar"* que habría comenzado cerca del siglo XVI y que "continuará durante todo el siglo de Luis XIV"; y deja "en suspenso la incidencia eventual de esta pequeña época glacial en la vida de Europa" (Braudel, 1987, p. 363). Efectivamente, queda constatada una "Pequeña Edad de Hielo" que se desarrolla aproximadamente entre 1420 (Mínimo de Spörer, 1420-1570) y 1820 (Mínimo de Dalton, 1795-1820). De hecho, puede identificarse un tramo frío

8 Tras una interrupción, se restaura brevemente con Luis XVIII (1814-1824), y Carlos X (1824-1830). Luis Felipe I (1830-1848), último rey de Francia, era de la rama de Orleans (Sánchez, 1996, p. 230).

intermedio que abarca con exactitud el reinado de Luis XIV (r. 1643-1715): es el Mínimo de Maunder (1645-1715) (Lang, 2006, p. 213; Corfield, 2004, p. 34).

De Miguel (1986) compara los ciclos de Braudel con los climáticos, y concluye: "no puede ser casual que las eras de plenitud coincidan con "episodios" fríos en la historia climática europea. El "episodio" más gélido se corresponde con el siglo XVII, el esplendor del Barroco y el orto de la Ciencia" (p. 48).

Wallerstein (1987) explica la crisis de la Edad Media aludiendo entre otras cosas, a la variación climática: "el cambio en las condiciones meteorológicas europeas fue tal que redujo la productividad del suelo, incrementando simultáneamente las epidemias" (pp. 52-53).

Esta época fría pudiera haber supuesto una dura traba para los países del norte de Europa, pero tal vez favoreció la expansión de los grandes imperios sureños y de su arte clásico[9].

En el gráfico 3 (página 31), podemos observar la culminación del románico y del gótico durante el Periodo Cálido Medieval (900-1400) (Hughes y Díaz, 1994, p. 339); el paréntesis clásico durante el Renacimiento y el Barroco (Pequeña Edad de Hielo), y de nuevo la aparición del neogótico durante el Periodo Cálido Moderno (1900-) (Howe, Austin, Forwick y Paetzel, 2010, p. 254)[10].

---

9 El arte dejó constancia de esta época en cuadros famosos como *"Los cazadores en la nieve"* (1565) de P. Brueghel el Viejo o *"El río Támesis congelado"* (1677) de A. Hondius. Ha denotarse que esta "Edad de Hielo" que permitió a los londinenses patinar sobre el Támesis, pudo tener consecuencias geopolíticas. De hecho, a veces se la relaciona con grandes hambrunas, la Peste Negra, las cazas de brujas, la conquista manchú de China, la Guerra de los Treinta Años y hasta la Revolución Francesa, que llegó tras décadas de malas cosechas (Cohen, 2012).

10 Esta oscilación de unos 500 años no es exclusiva de esta época, y su secuencia puede seguirse tras el Periodo Cálido Medieval (900-1400 d. C.): Periodo Frío de la Edad Media (400-900 d. C.), Periodo Cálido Romano (300 a. C.-400 d. C.), Época Fría de la Edad del Hierro (900-300 a. C.), Periodo Cálido de la Edad del Bronce (1500-1000 a. C.), Época Fría del Bronce Medio (2200-1500 a. C.), etc. (Howe, Austin, Forwick y Paetzel, pp. 254, 261; Cronin, 2010, p. 298; Campbell, 2016, p. 52; Easterbrook, 2011, pp. 25-26; 2016, pp. 137, 144; Gribbin, 1978, p. 70; Comellas, 2011, p. 140; Gutiérrez Elorza y Sesé Martínez, 1999, pp. 29, 35-36; Harding, 2000, p. 18). Tal vez estén relacionadas con los eventos de Bond (Easterbrook, 2016, pp. 289-291). Estos aparecen reflejados en el gráfico 17 (página 73), que se explicará más adelante.

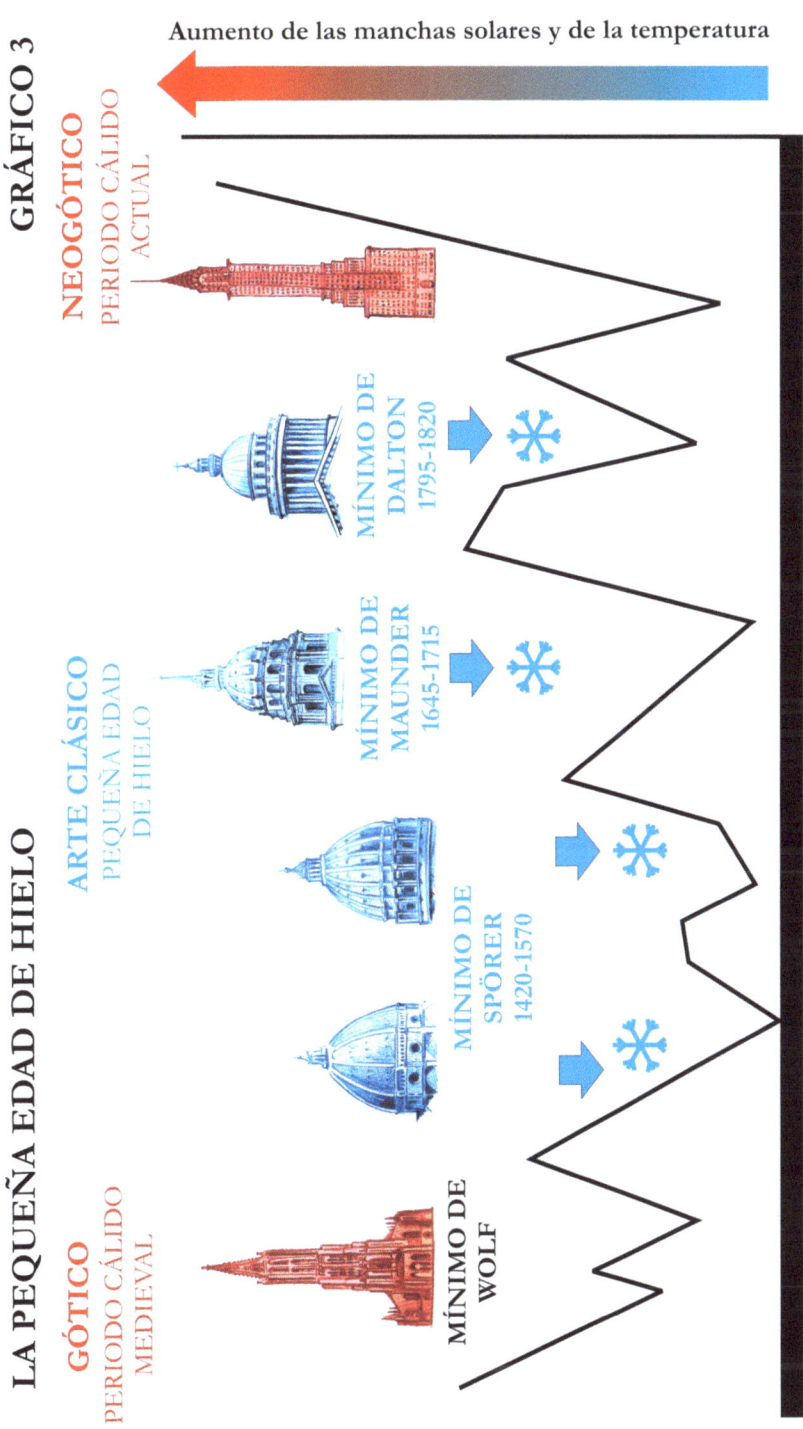

GRÁFICO 3

Aumento de las manchas solares y de la temperatura

LA PEQUEÑA EDAD DE HIELO

GÓTICO
PERIODO CÁLIDO MEDIEVAL

ARTE CLÁSICO
PEQUEÑA EDAD DE HIELO

NEOGÓTICO
PERIODO CÁLIDO ACTUAL

MÍNIMO DE WOLF

MÍNIMO DE SPÖRER
1420-1570

MÍNIMO DE MAUNDER
1645-1715

MÍNIMO DE DALTON
1795-1820

1250 1300 1350 1400 1450 1500 1550 1600 1650 1700 1750 1800 1850 1900 1950 2000 EC

Este gráfico del autor, combina algunos datos sobre manchas solares y clima que aparecen en Chen et al. (2015), con imágenes de edificaciones significativas que tuvieron lugar entorno a la Pequeña Edad de Hielo.
El gráfico original de Chen et al. puede verse en Richard, K. (2017, abril 10). A Swelling Volume Of Scientific Papers Now Forecasting Global Cooling In The Coming Decades. *CO2 Coalition* (en línea). Recuperado de https://co2coalition.org/2017/04/10/a-swelling-volume-of-scientific-papers-now-forecasting-global-cooling-in-the-coming-decades/
Edificios: ilustraciones del autor.

JOB FLORES FERNÁNDEZ © 2018

5.2. UNO Y TRES BARROCOS

Fases del barroco

Palomero Páramo (1996) fija el inicio del Barroco a finales del siglo XVI (pp. 211, 225-227), y luego añade dos fases: "pleno o maduro (1630-1680)", y "tardío o rococó (…) hasta 1750" (pp. 211-212)[11]. Estos son periodos de unos 50-60 años que comparten otros historiadores[12].

Si comparamos este ritmo tripartito con el periodo renacentista, veremos que, durante el mismo margen de tiempo aproximado, ya se habían dado tres fases estilísticas fundamentales:

a) El Renacimiento (inicial o primero): inicios del siglo XV, ca. 1420 (Palomero Páramo, 1996, pp. 143, 146; Janson y Janson, 1988, p. 175; Chastel, 1998, p. 184).

b) El Renacimiento clásico: desde finales del siglo XV[13] a 1527 aproximadamente (Palomero Páramo, 1996, p. 164).

c) El Manierismo: cuya etapa central se articula entre 1540-1570 (Chastel, 1998, p. 338)[14].

---

11 El siguiente estilo, el neoclásico, lo fija hacia 1755-1770 (Palomero Páramo, 1996, pp. 279-280). En el caso de la pintura española, distingue igualmente entre la "primera mitad del siglo XVII" y la segunda (pp. 260-261).

12 - Primero (1580-1630), medio (1630-1680) y tardío (1680-1730), según M. Bukofzer (citado por Pacheco, 2003, p. 158).

   - Temprano (1580-1630), medio (1630-1680) y último (1680-1750), según Casares Rodicio (citado por Rodríguez Camarero y González Fernández, 2002, pp. 80-81).

   - Inicial (1600-1650), pleno (1650-1700) y decadente o tardío (1700-1750), según López Calo (citado por Pérez, Berná, 2007, p. 809).

13 Palomero Páramo (1996, p. 164) lo fija hacia 1492. Para Chastel (1988), entre "1460-1470 Florencia no es ya el centro absoluto del mapa artístico" (p. 210), por lo que fija el predominio artístico florentino entre 1420-1470 (p. 184). De la misma opinión es Castex (2009), cuando al hablar de una solución arquitectónica en Florencia que califica ya de "romana" (rotonda de la *Annunziata*), dice que "1470 no es ya época para los refinamientos brunelleschianos de los años 1420-1440. Florencia no desempeña ya el primer papel en el debate sobre el arte" (p. 61).

14 Chastel (1988) identifica tres etapas de unos 30 años en un periodo completo de unos 90: una inicial entre 1515-1535/40, la expansión y academización entre 1540-1570, y la final entre 1570-1610 (p. 338). Palomero Páramo (1996) sitúa su inicio en la crisis de 1527 (p. 165).

De este modo, podríamos comparar los siguientes estilos (ver gráfico 4 en la página 35, donde aparece un eje cronológico dividido en periodos de treinta años, que marcan el cenit y la decadencia de cada fase):

a) Un *"Primer Renacimiento"* (Wackernagel, 1997, p. 29) y un *"primer Barroco"* (Sureda, 1997, pp. 50, 74, 296).

b) *Renacimiento clásico* y *barroco clasicista*. Otero Novas (2007) explica que al periodo dionisíaco barroco le siguió el apolíneo neoclásico en el siglo XVIII, "aunque en Francia se había adelantado con el absolutismo de Luis XIV; manifestaciones de lo cual las encontramos como anticipo en el palacio de Versalles" (pp. 82-83). En la nota 32 (p. 83), el autor especifica: "Versalles destaca por el neoclasicismo de sus líneas rectas, propio de una Ilustración que el Rey Sol anticipó en Francia. Pero, sin duda por construirse aún en el siglo XVII, contiene también exuberancias barrocas". Es, por tanto, un momento clásico dentro del barroco, un "barroco (…) clasicista" (Palomero Páramo, pp. 213, 218).

c) *Manierismo* y *rococó*. González Galván (2006), dice "que lo que el manierismo es al renacimiento, lo es el rococó al barroco, estilos que cabalgan entre estilos en la interminable carrera del arte" (p. 95). Battisti (1993) también habla de "la recuperación (…) durante el Rococó de motivos decorativos manieristas. También a propósito del Rococó podría hablarse de una condición neomanierista" (p. 106). Pero Shearman (1984) es aún más concreto al decir:

Sin embargo, fue en el siglo XVIII cuando se produjo realmente la resurrección del espíritu del Manierismo, aunque no de sus formas corporales. La decoración y los muebles rococó constituyen un renacimiento directo de los grutescos más extravagantes del siglo XVI; y la decoración perdió una vez más sus cualidades de energía y estructura en cuanto se le volvió a asignar la función exclusiva del puro deleite, de ser simplemente bella (p. 207).

EDAD MODERNA: RENACIMIENTO Y BARROCO

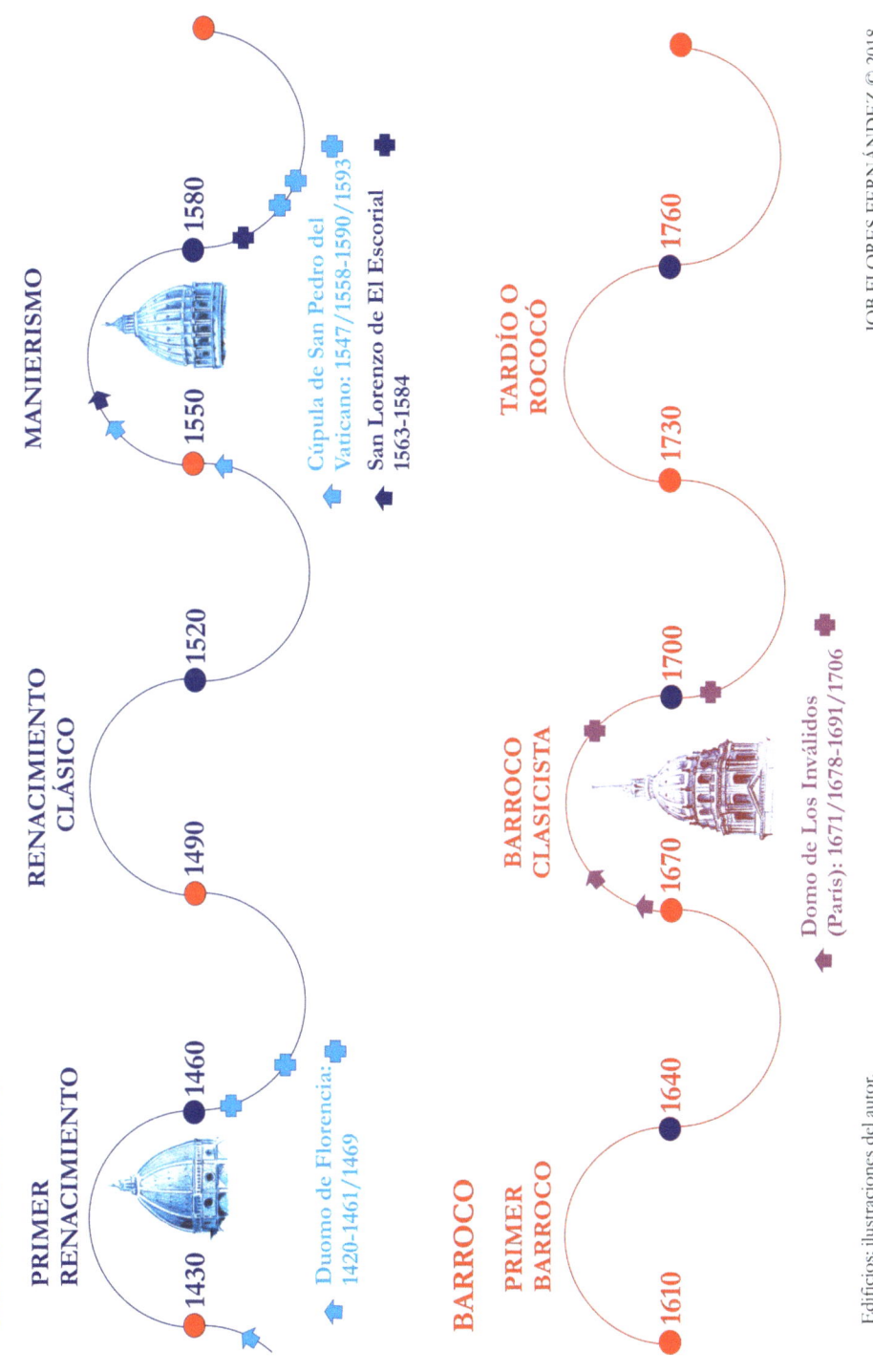

RENACIMIENTO

PRIMER
RENACIMIENTO

RENACIMIENTO
CLÁSICO

MANIERISMO

1430   1460   1490   1520   1550   1580

Duomo de Florencia:
1420-1461/1469

Cúpula de San Pedro del
Vaticano: 1547/1558-1590/1593

San Lorenzo de El Escorial
1563-1584

BARROCO

PRIMER
BARROCO

BARROCO
CLASICISTA

TARDÍO O
ROCOCÓ

1610   1640   1670   1700   1730   1760

Domo de Los Inválidos
(París): 1671/1678-1691/1706

Edificios: ilustraciones del autor.

JOB FLORES FERNÁNDEZ © 2018

Fases del barroco francés

Aullón de Haro (2013), citando a Hatzfeld, llama al manierismo, al barroco clásico, al barroquismo y al rococó, "estilos generacionales" (p. 379). Este apelativo parece especialmente acertado para el barroco francés, pues en lo referido al mobiliario, se señalan tradicionalmente una serie de etapas que corresponden con los reinados de cada uno de los monarcas:

a) *Estilo Luis XIII*: desde el inicio del reinado de Enrique IV (1589), hasta que Luis XIV inicia la etapa más personal de su gobierno (1661); esto es, en los sesenta años cuya fase central está ocupada por el reinado de Luis XIII (1610-1649). Los muebles tienen un aspecto sobrio y robusto (Mesalles, 2010, p. 12; Histoire du mobilier, s. f.).

b) *Estilo Luis XIV*: desde 1661 hasta finales del siglo XVIII (recordemos que Luis XIV muere en 1715, abarcándose así unos 55 años). El estilo se hace más ligero y ornamentado, adecuándose a funciones específicas y concretas (Mesalles, 2010, p. 14).

El breve *Estilo Regencia* (1700-1730)[15], que para Mesalles (2010), "más que un estilo es un estado de ánimo". El autor lo describe como "menos impresionante que el Luis XIV, pero menos exuberante que el Luis XV (…) un estilo de transición entre los dos luises" (pp. 15-16).

c) *Estilo Luis XV* (o rocalla/rococó): desde 1730 a 1780 (Mesalles, 2010, p. 17); o 1730-1750 si lo distinguimos del "*Estilo Transición*" o "*Pompadour*" (1750-1770), (Histoire du mobilier, s. f.), que se enmarca dentro del también sexagenario reinado de Luis XV (1715-1774). Es el estilo más refinado, con muebles más pequeños y especializados.

El *Estilo Luis XVI* (1760-1790), que por su brevedad, hace de transición a los estilos propios de la época revolucionaria e imperial (Mesalles, 2010, p. 18).

---

15 La Regencia tuvo lugar entre 1715 y 1723 (Mesalles, 2010, p. 15).

En el gráfico 5 de la página 38, puede observarse un ejemplo de lo que decimos a través de tres piezas de mobiliario. Y más adelante abundaremos sobre el factor generacional.

UNO Y TRES BARROCOS, UNO Y TRES SILLONES

GRÁFICO 5

Estilo
Luis XIII

Estilo
Luis XIV

Estilo
Luis XV

Estilo
Luis XVI

Estilo
Regencia

1610 1640 1670 1700 1730 1760 1790

■ **Sillón, c. 1640. Francia.**
Accession Number: 1943-40-26
Philadelphia Museum of Art (USA)
https://www.philamuseum.org/
collection/permanent/48387.html?mulR
=442534994|8#

■ **Sillón, c. 1700-1710. Francia.**
Accession Number: 17.190.1738
The Metropolitan Museum of Art (USA)
https://www.metmuseum.org/art/
collection/search/194242

■ **Sillón, c. 1749. Francia.**
Accession Number: 07.225.57
The Metropolitan Museum of Art (USA)
https://www.metmuseum.org/art/
collection/search/189342

Retratos de reyes: dominio público (commons.wikimedia.org).
Sillones: ilustraciones del autor basadas en las referidas piezas.

JOB FLORES FERNÁNDEZ © 2018

Las tres fases del Palacio de Versalles (gráficos 6-11, páginas 42-48)

a) *Luis XIII*. En esta época el interés constructivo está en las residencias parisinas[16], especialmente en el *Grand Dessein* que Enrique IV y Luis XIII tienen para el palacio del Louvre[17] (Louvre, s. f.). Es por ello que la primera edificación en Versalles tiene solo una importancia secundaria:

1º. 1624. Luis XIII construye en Versalles un modesto pabellón de caza. Allí fue llevado a su primera cacería en 1607, pues este era un lugar apreciado por su padre (Enrique IV).

2º. 1634. Philibert Le Roy reconstruye el pabellón, haciendo de él un pequeño palacio.

b) *Luis XIV*. El Rey Sol hace de Versalles la capital de Francia, construyendo el mayor palacio europeo del momento, capaz de albergar a unas 20.000 personas. Esta ampliación se realiza en tres etapas (Palomero Páramo, 1996, p. 218; Cantera Montenegro, 1999, pp. 46-54; Château de Versailles, s.f. b.):

1º. 1661-1668. Luis Le Vau construye un *avant-cour* formado por dos alas independientes del edificio principal, una para las cocinas y otra para las cuadras. Versalles es el epicentro de los festejos y recepciones del monarca.

2º. 1668-1678. Versalles se convierte en la residencia del rey, y Le Vau añade el *enveloppe*: un conjunto de edificios que envuelven el núcleo original o *château vieux*, y que albergarán los Grandes Apartamentos del rey y de la reina.

---

16 El *Palacio de Luxemburgo*, construido por Salomon de Brosse para María de Médicis (1615-1624) (Cantera Montenegro, 1999, pp. 38, 42); o el *Palais Royal,* erigido para Richelieu por Lemercier en 1634 (Centre des Monuments Nationaux, s.f.).

17 *La Grande Galerie* fue construida entre 1595 y 1609, y el *Pavillon de l'Horloge* se inicia en 1624 (Louvre, s.f.).

3º. 1678-1700/1715. Versalles pasará a ser la capital de Francia en 1682, y Jules-Hardouin Mansart será el encargado de renovar y agrandar el palacio: construye las alas de los Ministros[18] (1678-1679), la Galería de los Espejos (1678-1686), las *Grandes et Petites Écuries* (desde 1679)[19], el ala del Mediodía (1679-1681), el Gran Común (1681-1684), y el ala del Norte (1685-1689) (Château de Versailles, s.f. b y c.). Al mismo tiempo, el jardinero-paisajista André Le Notre y el pintor Charles Le Brun se encargan respectivamente del diseño de los jardines y de la decoración interior. Otros edificios notables que se añaden son:

- El *Grand Trianon,* levantado por J. Hardouin-Mansart en 1687, para remplazar al *Trianon de Porcelana,* que había sido edificado en 1670. Su construcción se extiende hasta 1708, cuando se le añade el ala conocida como *Trianon-sous-bois* (Château de Versailles, s.f. d.).

- La *Capilla Real* (1699-1710), concluida por Robert de Cotte (Château de Versailles, s.f. b.).

c) *Luis XV.* El joven monarca regresar con la Corte a Versalles en 1722. Su labor constructiva consistirá en concluir la gran obra de su abuelo[20], y en reacondicionar el palacio con estancias más íntimas y reservadas (Château de Versailles, s.f. g). Estas tienen lugar en el Apartamento Interior del Rey[21] y en los de la Reina (Châteaux de Versailles, s.f. i); en los del Delfín y su esposa[22], en los de las hijas de Luis XV[23], y en los de las Favoritas[24].

---

18 Uniendo los pabellones construidos previamente entre 1670 y 1671 (Château de Versailles, s.f. a)
19 Caballerizas. Capacidad: 2.500 caballos y 200 carrozas (Palomero Páramo, 1996, p. 219).
20 Como el *Salón de Hércules* (1730-1736) o el *Estanque de Neptuno* (1736-1740) (Château de Versailles, s.f. e y f). También modifica la fachada derecha del cuerpo central (*Aile Gabriel,* 1771-1774) (Versailles3D, s.f. a y b).
21 Incluía su habitación (1738), gabinetes, salones y despachos (Château de Versailles, s.f. h).
22 Que los habitan entre 1747 y 1765 (Château de Versailles, s.f. j)
23 Especialmente Adelaida y Victoria, instaladas allí desde 1752 (Château de Versailles, s.f. k)
24 Como Mme. de Pompadour (1745-1751) y Mme. Du Barry (desde 1769) (Château de Versailles, s.f. l).

Además, Luis XV imita a Luis XIV sesenta años después, cuando añade al palacio:

- El *Petit Trianon*. Un lugar de recreo como el que Luis XIII y Luis XIV edificaron al final de sus días. Fue terminado por Ange-Jacques Gabriel en 1768 (Château de Versailles, s.f. m).

- La *Ópera Real*. Un proyecto que Luis XIV había aparcado sesenta años antes en favor de la *Capilla Real*. Ange-Jacques Gabriel la acabará en 1770 (Château de Versailles, s.f. n).

Durante su corto reinado, Luis XVI también realiza pequeñas modificaciones al conjunto palaciego (Châteaux de Versailles, s.f. ñ).

UNO Y TRES BARROCOS, UNO Y TRES PALACIOS

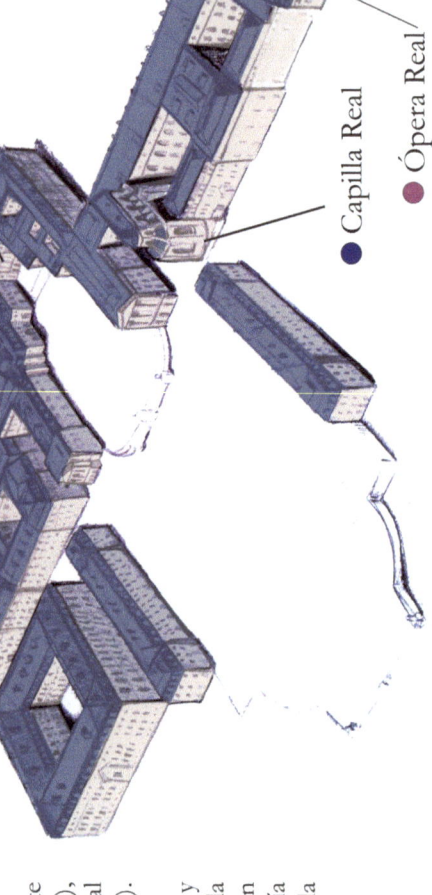

Estilo Luis XIII

Estilo Luis XIV

Estilo Luis XV

1610 · 1640 · 1670 · 1700 · 1730 · 1760 · 1790

■ Palacete de Luis XIII

● Capilla Real

● Ópera Real

JOB FLORES FERNÁNDEZ © 2018

Palacio de Versalles

Fue construido principalmente por Luis XIV (1661-1710), envolviendo el palacete inicial de Luis XIII (1624/1634).

Luis XV lo remodela y completa, edificando en 1770 la Ópera Real. Este era un proyecto que Luis XIV había aparcado en favor de la Capilla Real (1710).

UNO Y TRES BARROCOS, UNO Y TRES PALACETES

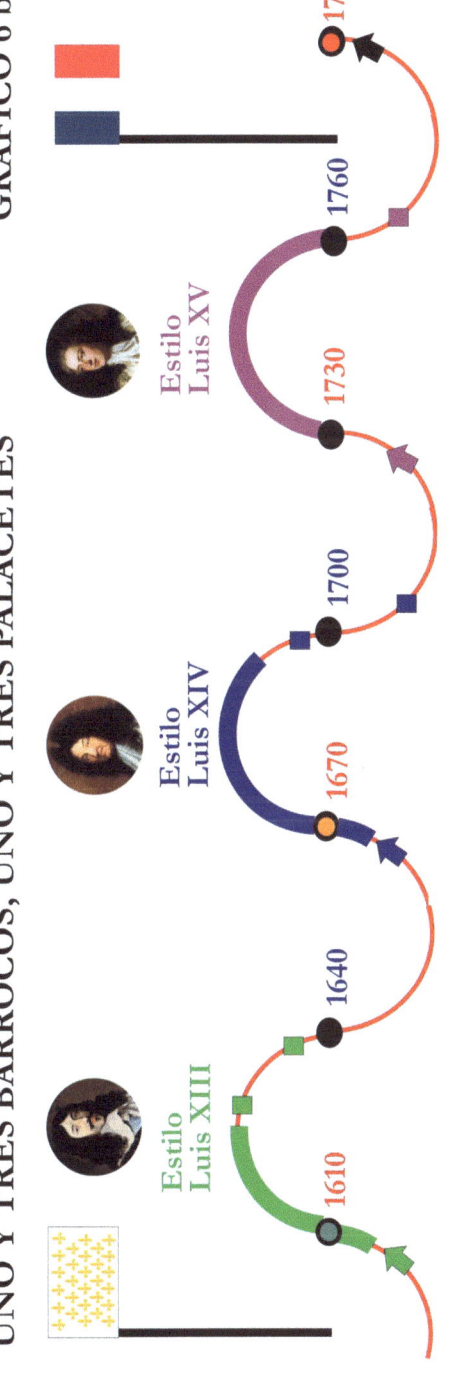

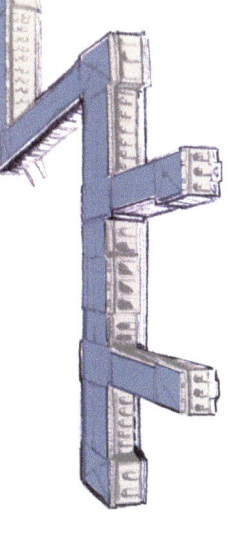

■ **Luis XIII.**
Palacete (Versalles).

En Versalles, como lugar de recreo, Luis XIII construye en 1624 un modesto pabellón de caza. Este será reconstruido como un pequeño palacio en 1634 (imagen superior). En torno a él, se edificará el actual palacio de Versalles.

■ **Luis XIV.**
Grand Trianon (Versalles).

El *Grand Trianon* se erige en 1687 para sustituir al anterior Trianon de Porcelana (1670). Será completado en 1708 con la adición del ala conocida como *Trianon-sous-bois*.

■ **Luis XV.**
Petit Trianon (Versalles).

En 1768, Luis XV construye el *Petit Trianon*, llamado así para distinguirlo del de Luis XIV.

VERSALLES. EVOLUCIÓN DEL PALACIO.

GRÁFICO 7

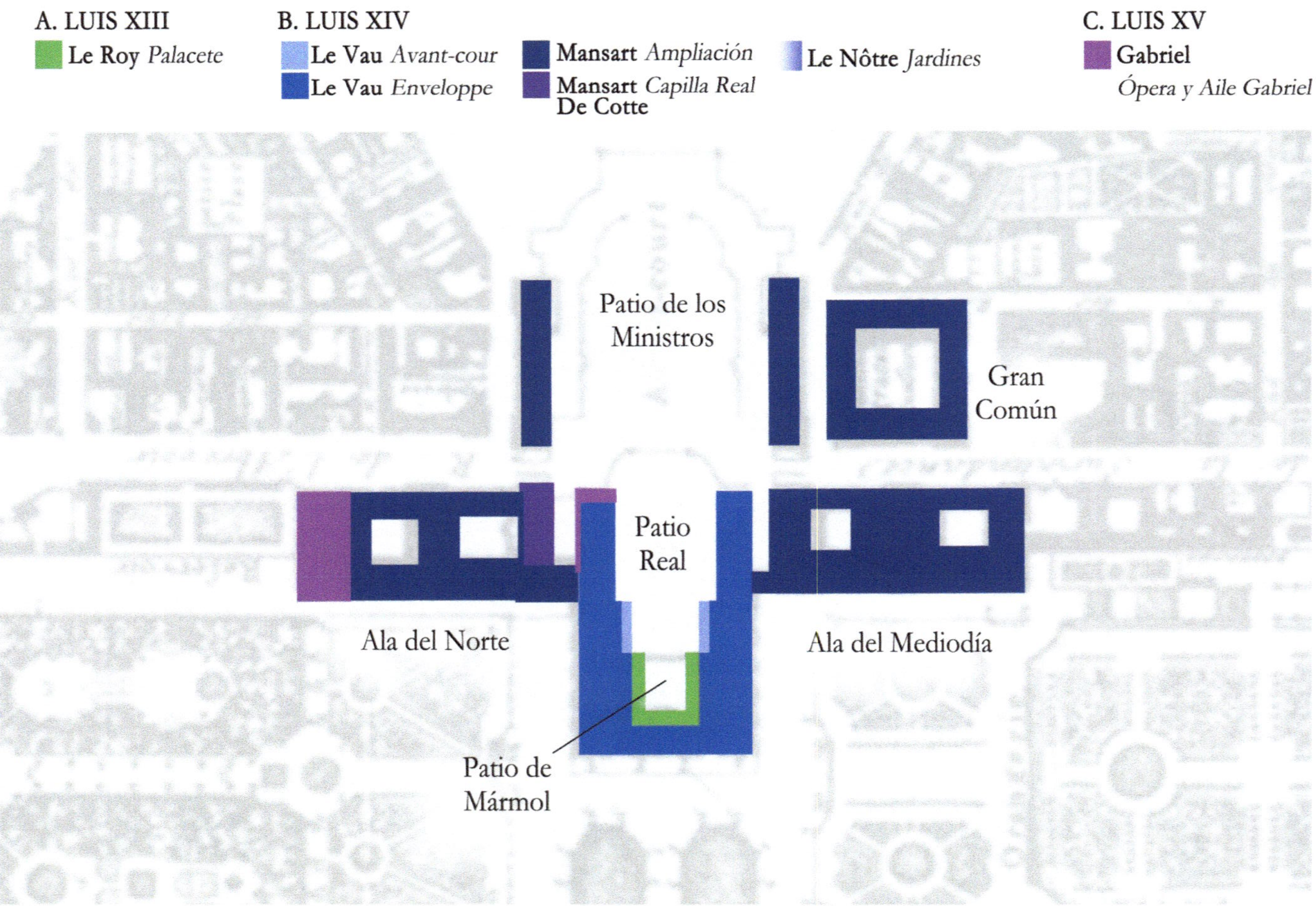

A. LUIS XIII

Le Roy *Palacete*

B. LUIS XIV

Le Vau *Avant-cour*

Le Vau *Enveloppe*

Mansart *Ampliación*

Mansart *Capilla Real* De Cotte

Le Nôtre *Jardines*

C. LUIS XV

Gabriel

Ópera y Aile Gabriel

Gran Común

Ala del Mediodía

Patio de los Ministros

Patio Real

Ala del Norte

Patio de Mármol

Imagen del autor sobre fragmento modificado de Jean Delagrive, 1746. Dominio público (commons.wikimedia.org).

JOB FLORES FERNÁNDEZ 2018

VERSALLES. PALACIO Y JARDINES.

GRÁFICO 8

A. LUIS XIII
- ■ Le Roy

B. LUIS XIV
- ■ Le Vau   ■ Mansart
- ■ Le Vau   ■ Mansart
- ■ Le Nôtre

C. LUIS XV
- ■ Gabriel

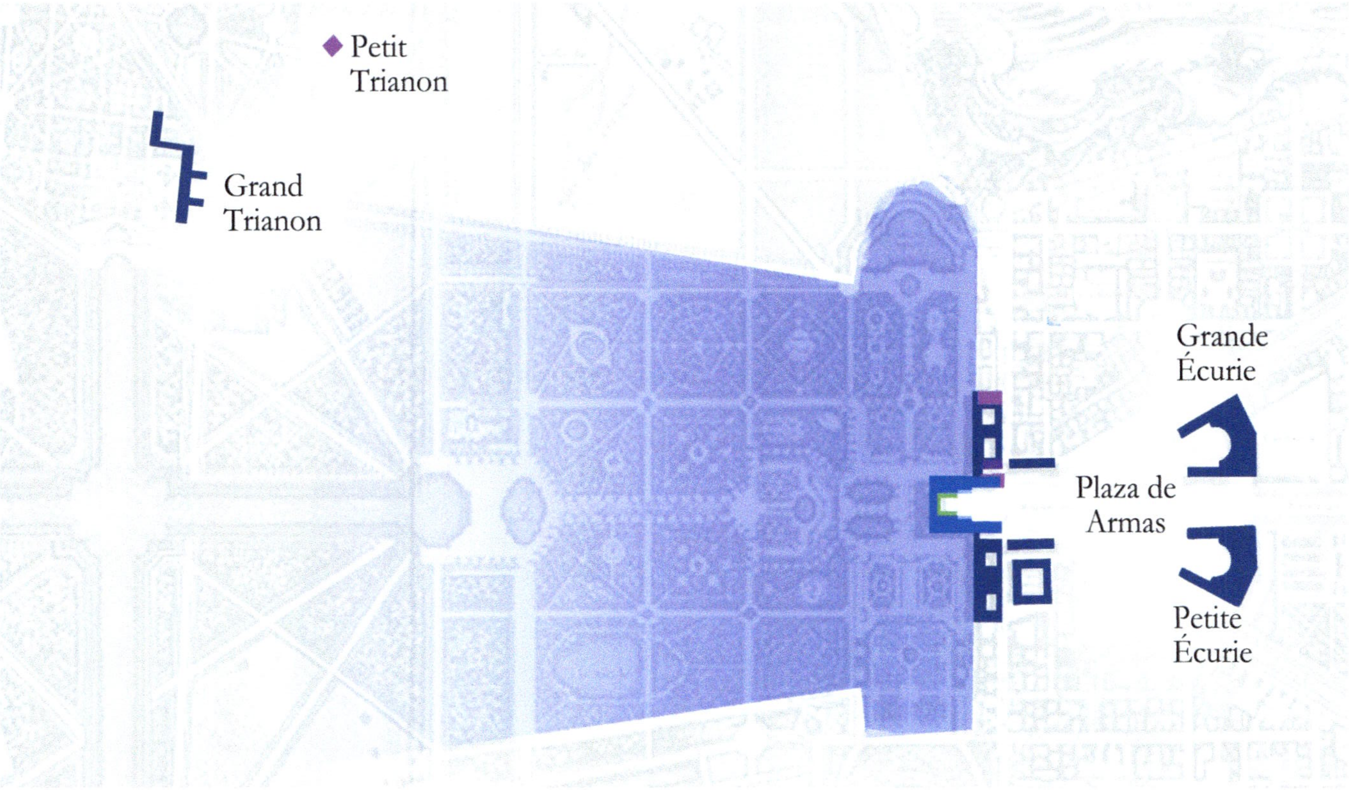

Grand Trianon

Petit Trianon

Grande Écurie

Plaza de Armas

Petite Écurie

Imagen del autor sobre fragmento modificado de Jean Delagrive, 1746. Dominio público (commons.wikimedia.org).

JOB FLORES FERNÁNDEZ 2018

45

VERSALLES. EL TERRITORIO.

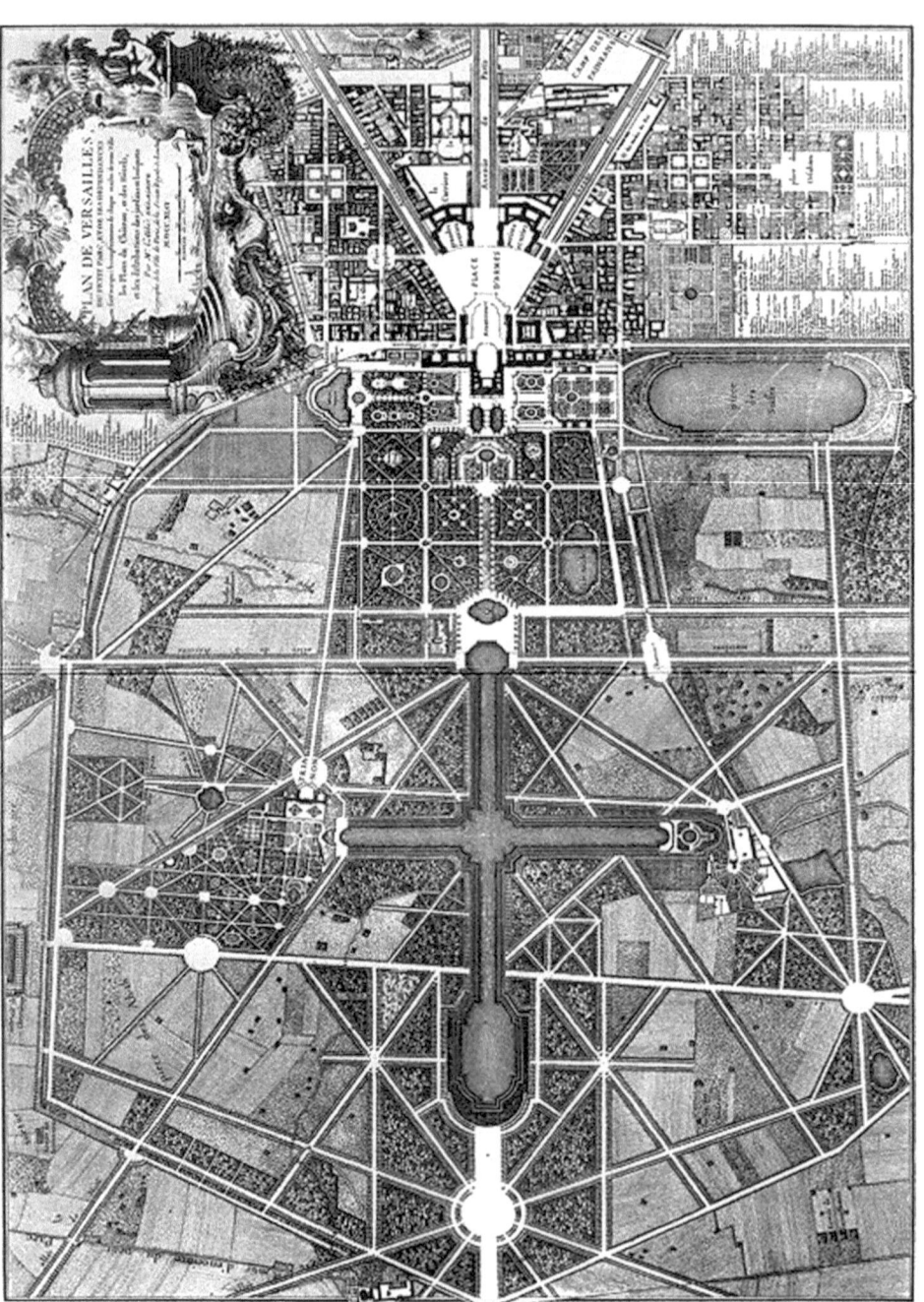

Imagen: Jean Delagrive, 1746. Dominio público (commons.wikimedia.org).

JOB FLORES FERNÁNDEZ 2018

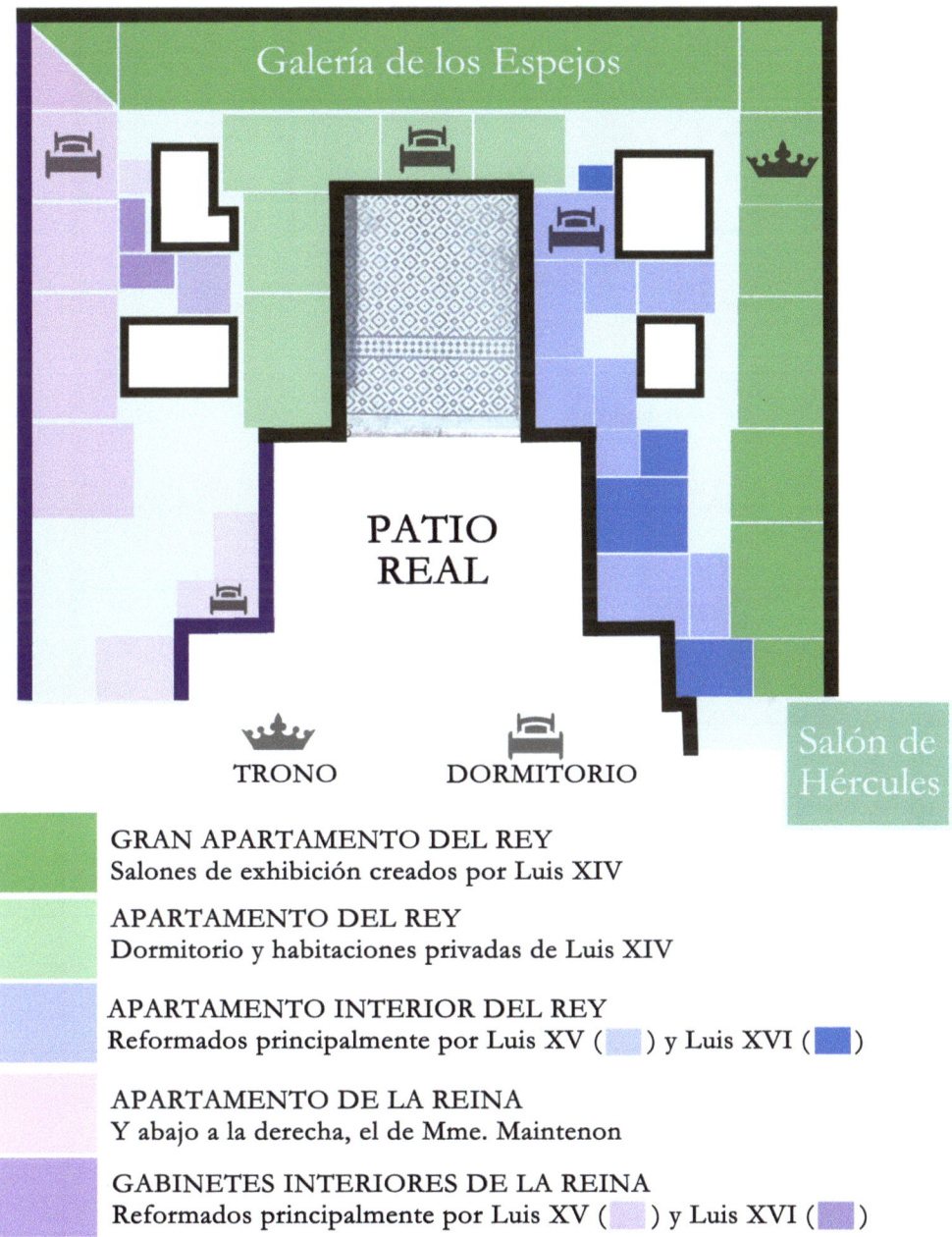

Galería de los Espejos

PATIO REAL

TRONO DORMITORIO

Salón de Hércules

GRAN APARTAMENTO DEL REY
Salones de exhibición creados por Luis XIV

APARTAMENTO DEL REY
Dormitorio y habitaciones privadas de Luis XIV

APARTAMENTO INTERIOR DEL REY
Reformados principalmente por Luis XV ( ) y Luis XVI ( )

APARTAMENTO DE LA REINA
Y abajo a la derecha, el de Mme. Maintenon

GABINETES INTERIORES DE LA REINA
Reformados principalmente por Luis XV ( ) y Luis XVI ( )

JOB FLORES FERNÁNDEZ 2018

47

VERSALLES. PLANTA BAJA. GRÁFICO 11

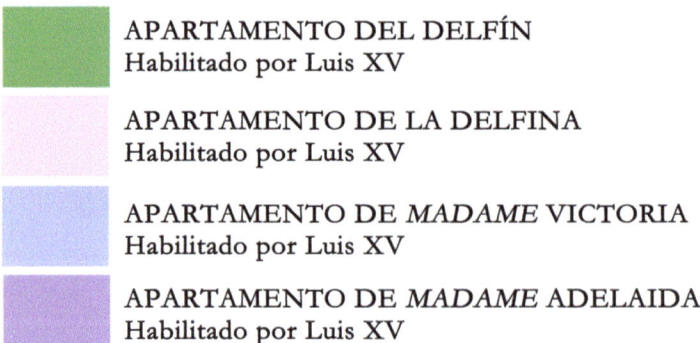

PATIO
REAL
DORMITORIO

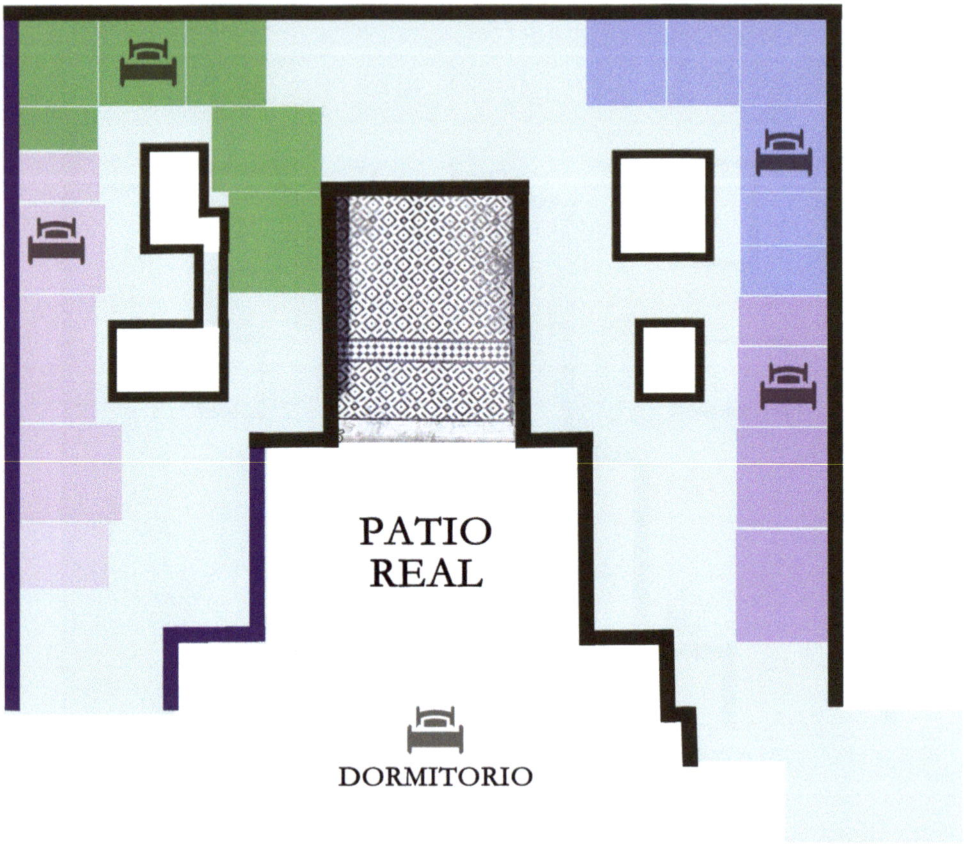

APARTAMENTO DEL DELFÍN
Habilitado por Luis XV

APARTAMENTO DE LA DELFINA
Habilitado por Luis XV

APARTAMENTO DE *MADAME* VICTORIA
Habilitado por Luis XV

APARTAMENTO DE *MADAME* ADELAIDA
Habilitado por Luis XV

JOB FLORES FERNÁNDEZ 2018

a. Estudios históricos, sociales y económicos

Wallerstein (1984 b) divide esta fase B en dos periodos: 1651-1689, y 1689-1763 (pp. 101, 341). A esto hay que sumar la transición de 1600-1650 (p. 13)[25]. Tendríamos en total, tres fases de unos 50, 38 y 74 años, por lo que la media sería de unos 54 años (gráfico 12, en la página 51).

Además, define varios ciclos K[26] en este periodo, de 60, 50 y 70 años, con una media de 60 años (Hopkins, Wallerstein, Bach, Chase-Dunn, y Ramkrishna, 1982, p. 118). Estos se corresponden de manera bastante exacta con los reinados y estilos de los tres borbones (añadidos en cursiva):

Onda K. *Luis XIII (1610-1643)*	Onda K. *Luis XIV (1643-1715)*	Onda K. *Luis XV (1715-1774)*
B. 1590-1620	B. 1650-1672	B. 1700-1733/1750
A. 1620-1650	A. 1672-1700	A. 1733/1750-1770

Goldstein (1988) recoge en su obra las ondas K de Braudel, Frank, Kondratieff y Mandel (p. 67). El autor menciona además una guerra o gran guerra que culmina cada pico de estas ondas (pp. 305-306, 324-325). Durante el periodo constructivo de Versalles, aparecen tres ondas que coinciden aproximadamente con cada etapa principal (Luis XIII, Luis XIV y Luis XV, añadidos en cursiva). La media de los ciclos es de unos 55 años (gráfico 12, en la página 51).

---

25 Recordemos que Roland Mousnier decía del siglo XVII (1598-1715): "se puede decir que la crisis es permanente, pero con violentos altibajos" (citado por Wallerstein, 1984, p. 5).

26 Ciclos económicos de unos 50 años descubiertos por Kondratieff. Tienen una subida (A, *upswing*) y un descenso (B, *downswing*); un pico (*peak*) y un mínimo (*trough*).

Onda K. Luis XIII (1610-1643)	Onda K. Luis XIV (1643-1715)	Onda K. Luis XV (1715-1774)
B. 1595-1621	B. 1650-1689	B. 1720-1747
A. 1621-1650	A. 1689-1720	A. 1747-1762
Guerra de los Treinta Años* 1618-1648	Guerra de Sucesión Española 1701-1713	Guerra de los Siete Años 1756-1763

* Una de las grandes guerras para Goldstein.

FACTORES BÉLICOS Y ECONÓMICOS

GRÁFICO 12

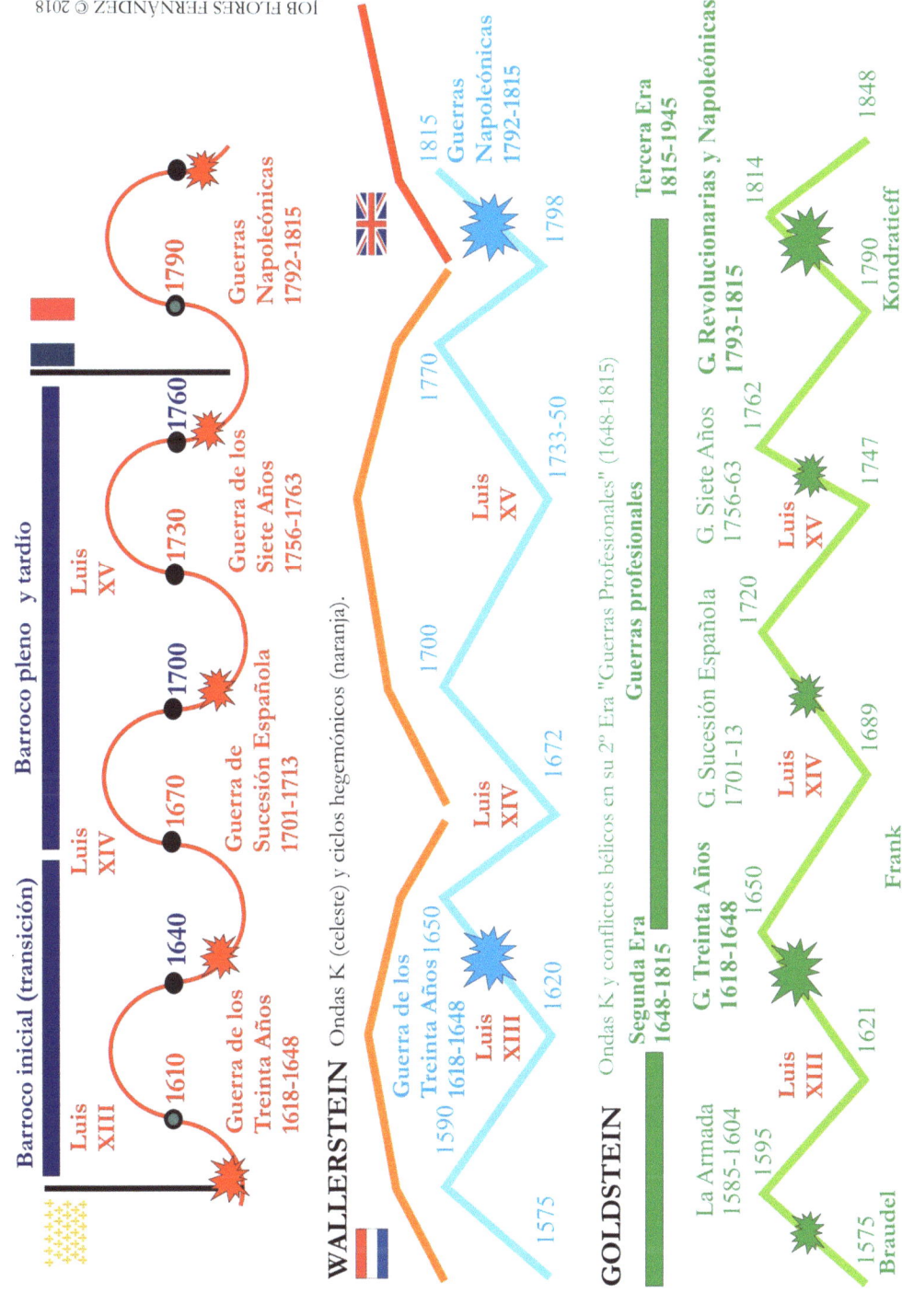

Barroco inicial (transición)   **Barroco pleno y tardío**

Luis XIII — 1610 — Guerra de los Treinta Años 1618-1648

Luis XIV — 1640 — 1670 — Guerra de Sucesión Española 1701-1713

— 1700 —

Luis XV — 1730 — Guerra de los Siete Años 1756-1763

— 1760 —

— 1790 — Guerras Napoleónicas 1792-1815

WALLERSTEIN Ondas K (celeste) y ciclos hegemónicos (naranja).

1575 — 1590 — Guerra de los Treinta Años 1650 1618-1648 — Luis XIII — 1620 — 1672 — Luis XIV — 1700 — 1770 — Luis XV — 1733-50 — 1798 — 1815 — Guerras Napoleónicas 1792-1815

GOLDSTEIN Ondas K y conflictos bélicos en su 2ª Era "Guerras Profesionales" (1648-1815)

Segunda Era 1648-1815   **Guerras profesionales**   **Tercera Era 1815-1945**

La Armada 1585-1604 — G. Treinta Años 1618-1648 — G. Sucesión Española 1701-13 — G. Siete Años 1756-63 — G. Revolucionarias y Napoleónicas 1793-1815

Luis XIII — Luis XIV — Luis XV

1575 Braudel — 1595 — 1621 — 1650 — 1689 — Frank — 1720 — 1747 — 1762 — 1814 — 1790 Kondratieff — 1848

51

Modelski y Thompson (1996), han hallado varias ondas K durante la etapa barroca (pp. 69, 137). Estas se representan en forma sigmoide, con dos fases: 1) *start-up* y 2) *high-growth* (Jones, 2001, vol. 2, pp. 887-888; vol. 1, p. 886) (gráfico 13, en la página 53). Como podemos observar, tres ondas K (con una media de 53 años) delimitan aproximadamente los estilos y reinados que venimos mencionado (añadidos en cursiva):

K12. *Luis XIII (1610-1643)*	K13. *Luis XIV (1643-1715)*	K14. *Luis XV (1715-1774)*
1. 1580-1609	1. 1640-1660	1. 1688-1713
2. 1609-1640	2. 1660-1688	2. 1713-1740

Toynbee (1987), en su *"War-and-Peace Cycle"* (p. 272), establece periodos combinados de guerra y paz que suman unos 50-60 años (hemos añadido a la tabla los años de duración marcados con asterisco*, y los nombres de los reyes en cursiva) (ver gráfico 13, en la página 53):

	Primer Ciclo regular (1568-1672)	*Segundo Ciclo regular* (1672-1792)
(Guerras premonitorias)	----	(1667-1668)
Guerra General	1568-1609	1672-1713 *(Luis XIV, 1643-1715)*
Espacio de respiro	1609-1618 *(Luis XIII, 1610-1643)*	1713-1733 *(Luis XV, 1715-1774)*
TOTAL*:	50 años*	61 años*
Guerras Suplementarias *(Epílogo)*	1618-1648 *(Luis XIII, 1610-1643)*	1733-1763 *(Luis XV, 1715-1774)*
Paz General	1648-1672 *(Luis XIV, 1643-1715)*	1763-1792
TOTAL*:	54 años*	59 años*

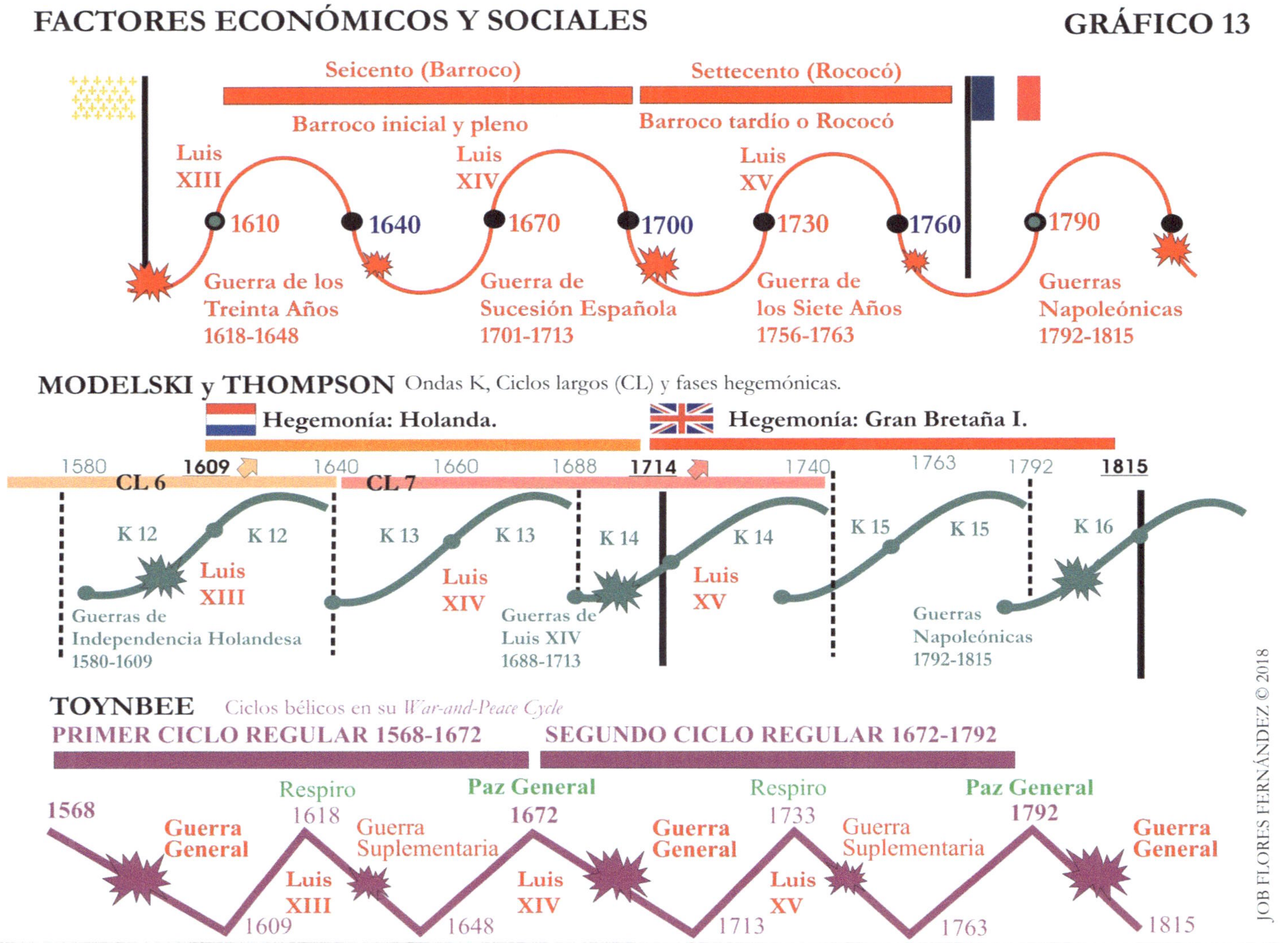

FACTORES ECONÓMICOS Y SOCIALES
GRÁFICO 13
Seicento (Barroco)
Settecento (Rococó)
Barroco inicial y pleno
Barroco tardío o Rococó
Luis XIII
Luis XIV
Luis XV
1610
1640
1670
1700
1730
1760
1790
Guerra de los Treinta Años 1618-1648
Guerra de Sucesión Española 1701-1713
Guerra de los Siete Años 1756-1763
Guerras Napoleónicas 1792-1815
MODELSKI y THOMPSON Ondas K, Ciclos largos (CL) y fases hegemónicas.
Hegemonía: Holanda.
Hegemonía: Gran Bretaña I.
1580
1609
1640
1660
1688
1714
1740
1763
1792
1815
CL 6
CL 7
K 12
K 12
K 13
K 13
K 14
K 14
K 15
K 15
K 16
Luis XIII
Luis XIV
Luis XV
Guerras de Independencia Holandesa 1580-1609
Guerras de Luis XIV 1688-1713
Guerras Napoleónicas 1792-1815
TOYNBEE Ciclos bélicos en su War-and-Peace Cycle
PRIMER CICLO REGULAR 1568-1672
SEGUNDO CICLO REGULAR 1672-1792
1568
Guerra General
Respiro 1618
Guerra Suplementaria
Paz General 1672
Guerra General
Respiro 1733
Guerra Suplementaria
Paz General 1792
Guerra General
Luis XIII
Luis XIV
Luis XV
1609
1648
1713
1763
1815
JOB FLORES FERNÁNDEZ © 2018

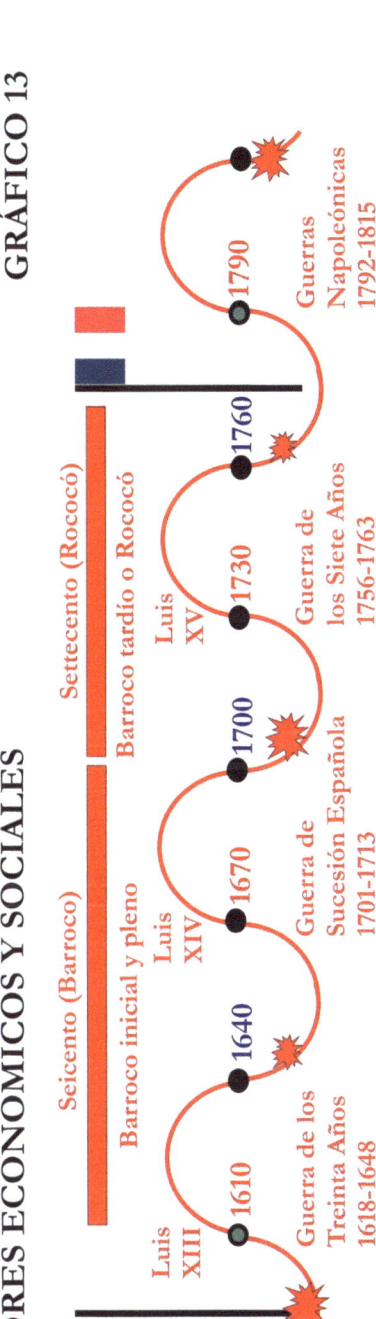

b. Secuencia dinástica

En la introducción de este apartado, podemos percibir que las tres fases del barroco francés tienen de por sí un evidente componente generacional, pues cada una de estas etapas estilísticas lleva el nombre de un monarca. Pero notemos además, que cada uno de estos reinados (A) comenzaron o acabaron con una crisis generacional (B) en la forma de regencia o hasta de cambio dinástico, a menudo acompañada de graves desórdenes (Cantera Montenegro, 1999, p. 6; Sánchez Cerezo, 1996, p. 89; Nolan, 2008, p. 260; Citron, 1992, p. 128):

B. Guerras de Religión en Francia (1562-1598). Cambio dinástico: Enrique IV (r. 1589-1610) y regencia de María de Médicis (1610-1617).

A. Reinado de Luis XIII (r. 1610-1643).

***

B. Revueltas de la Fronda (1648-1652). Regencia de Ana de Austria (1643-1661).

A. Reinado de Luis XIV (r. 1643-1715).

***

B. Revuelta de los Bonetes Rojos (1675), Revuelta de los Camisards (1702) y dragonadas. Regencia de Felipe de Orleans (1715-1723).

A. Reinado de Luis XV (r. 1715-1774) y Luis XVI (r. 1774-1789).

***

B. Revolución Francesa (1789). Cambio a la dinastía de los Bonaparte.

Estas situaciones se dieron en un ritmo de aproximadamente 50-60 años (ver gráfico 14, en la página 56).

Además de los ciclos seculares, Turchin describe uno generacional al que llama "de padres-e-hijos". Su funcionamiento lo explica Spinney (2012) de la siguiente manera (gráfico 14, en la página 56):

...El padre responde violentamente a una injusticia social percibida; el hijo vive con el miserable legado del conflicto resultante y se abstiene; la tercera generación comienza de nuevo. Turchin compara este ciclo con un incendio forestal que se enciende y arde, hasta que se acumula una cantidad suficiente de maleza y el ciclo se reinicia.

La cita viene a decir que cada 20-30 años, dos generaciones opuestas se suceden, de modo que la tercera es similar a la primera, retornando a un proceder semejante. Lo interesante es que para Turchin, este ciclo tiene una duración de unos 50 años (Ferrer, 2012): como las etapas estilísticas de nuestro *château*, y como el de los reinados de los tres monarcas.

Kondratieff, según De Miguel (1986), habría dicho que "las guerras y revoluciones no son causas de los movimientos cíclicos, sino uno de sus síntomas, como consecuencia de la "aceleración del ritmo y de la tensión de la vida económica"" (p. 42), e incluso que "los nietos piensan y actúan de modo similar al de sus abuelos" (p. 49). De Miguel señala igualmente a lo que parece ser una constante invariable: la ""esperanza de ser padres" expresada en la edad mediana a la que se tiene el primer hijo" (p. 50). Mensch concluye igualmente que "cada 50 años, más o menos, se produce una "repetición de análogas constelaciones críticas" de acontecimientos que revelan un "conflicto generacional"" (citado por De Miguel, 1986, p. 52).

Es interesante que Schlesinger (1999) atribuya a factores generacionales su alternante ciclo político: ...no hay ningún misterio sobre su periodicidad. Treinta años es aproximadamente el lapso de una generación, y la sucesión generacional ha sido el resorte principal del ciclo (p. vii).

Por último, es el propio Ortega y Gasset (citado por Otero Novas, 2007) quien decía:

Una generación actúa alrededor de treinta años. Pero esta actuación se divide en dos etapas: durante la primera mitad aproximadamente, la nueva generación hace la propaganda de sus ideas, preferencias y gustos, que al cabo adquieren vigencia y son lo dominante en la segunda mitad de su carrera. Mas la generación educada bajo su imperio trae ya otras ideas, preferencias y gustos. Cuando las de la generación imperante son extremistas y por ello revolucionarias, la nueva generación es antiextremista y antirrevolucionaria... restauradora... (p. 48).

FACTORES GENERACIONALES

GRÁFICO 14

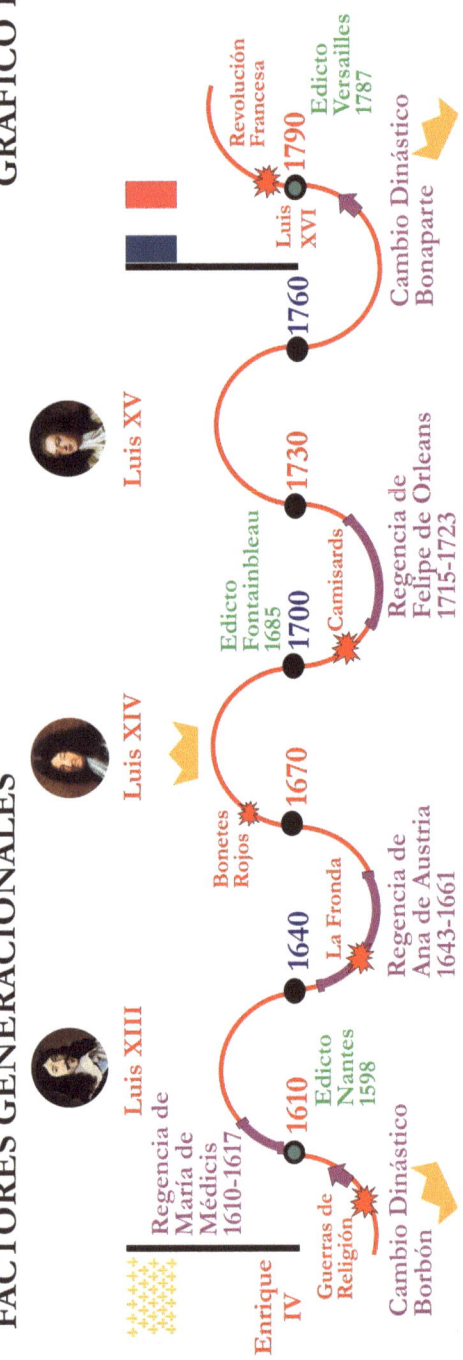

Enrique IV

Luis XIII

Regencia de María de Médicis 1610-1617

Guerras de Religión

Edicto Nantes 1598

1610

Cambio Dinástico Borbón

Luis XIV

Bonetes Rojos

La Fronda

Regencia de Ana de Austria 1643-1661

1640

1670

Edicto Fontainbleau 1685

Camisards

Regencia de Felipe de Orleans 1715-1723

1700

1730

Luis XV

Revolución Francesa

Edicto Versailles 1787

Luis XVI

1790

1760

Cambio Dinástico Bonaparte

STRAUSS-HOWE Dos saeculum (90 años) que definen el Seicento y el Settecento

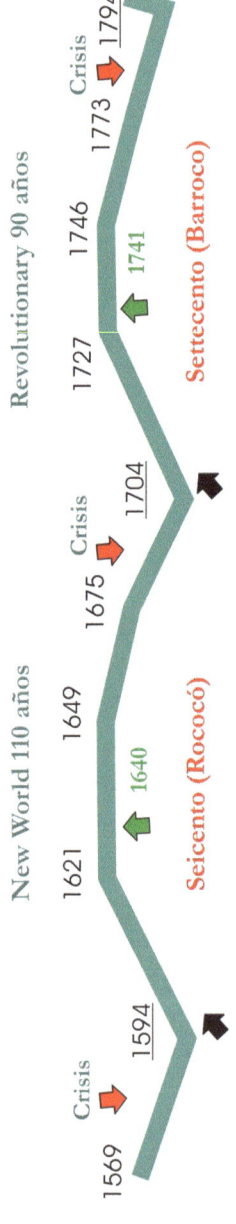

New World 110 años

Revolutionary 90 años

Crisis

1569

1594

Crisis

1621   1649

1640

Seicento (Rococó)

Crisis

1675

1704

Crisis

1727   1746

1741

Settecento (Barroco)

1773

1794

TURCHIN Ciclo de padres-e-hijos (fechas elegidas por nosotros).

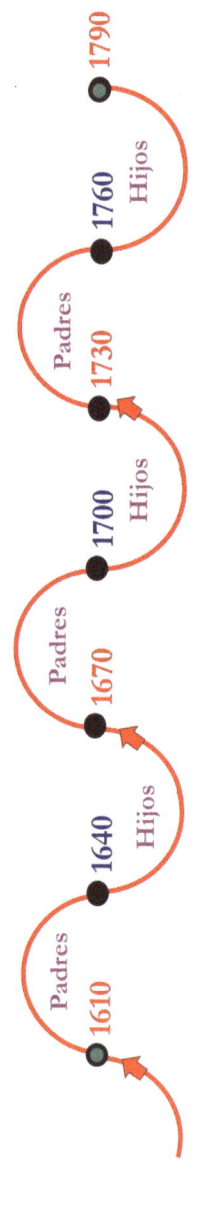

Padres
1610

Hijos
1640

Padres
1670

Hijos
1700

Padres
1730

Hijos
1760

1790

c. Influencias climáticas y medioambientales

Scafetta (2010) ha demostrado una oscilación climática general de unos 60 años en las temperaturas globales, que va alternando unos 30 años de calentamiento con otros 30 de enfriamiento. Además, alude a posibles causas astronómicas para explicar el ciclo: las conjunciones de Júpiter y Saturno, que ocurren cada 60 años aproximadamente (pp. 1-4, 14, 17).

En los gráficos 15 y 16 (página 58), puede observarse esta oscilación durante la época de Luis XIV, y su correspondencia con los ritmos anteriormente explicados, [así como su proyección actual].

Es interesante que Scafetta (2010) aluda igualmente al calendario tradicional chino, regido por el ciclo sexagenario, y que parece inspirado por observaciones climáticas y astronómicas (pp. 2-3). Lo cierto es que grandes civilizaciones del pasado, contaban con un sistema de entre 50 y 60 años para medir el tiempo[27], que concuerda bastante bien aún hoy con los ritmos generacionales, astronómicos, económicos y climáticos.

A partir de ahora, en los dos apartados siguientes, veremos que estos tres periodos (Luis XIII, Luis XIV y Luis XV), pueden agruparse de dos maneras:

5.3. Barroco inicial y barroco pleno, separados del rococó.
5.4. Barroco pleno y rococó, separados del barroco inicial o de transición.

---

27 El ciclo calendárico precolombino de 52 años (Drew, 2002, p. 99); el ciclo jubilar judío de 50 años, muy ligado a la economía (Levítico 25:10, 50); y el ciclo sexagenario, común en muchos países desde el antiguo Egipto (Budge, 2003, p. 35) a China pasando por Mesopotamia (Hewson, 1870, p. v) y la India. En este último país, recibe el nombre de *Brishaspati samvatsara chakra* o ciclo de Júpiter (Sewell y Balkrishna, 1995, p. 35).

LA OSCILACIÓN DE 60 AÑOS

GRÁFICOS 15 y 16

Esta línea quebrada negra de la derecha, es una simplificación que hemos realizado a partir de algunos datos tomados de una gráfica económica realizada por Ian Gordon (Longwavegroup, s.f.).

Las flechas azules muestran la correspondencia entre el fin de las crisis económicas y los repuntes fríos.

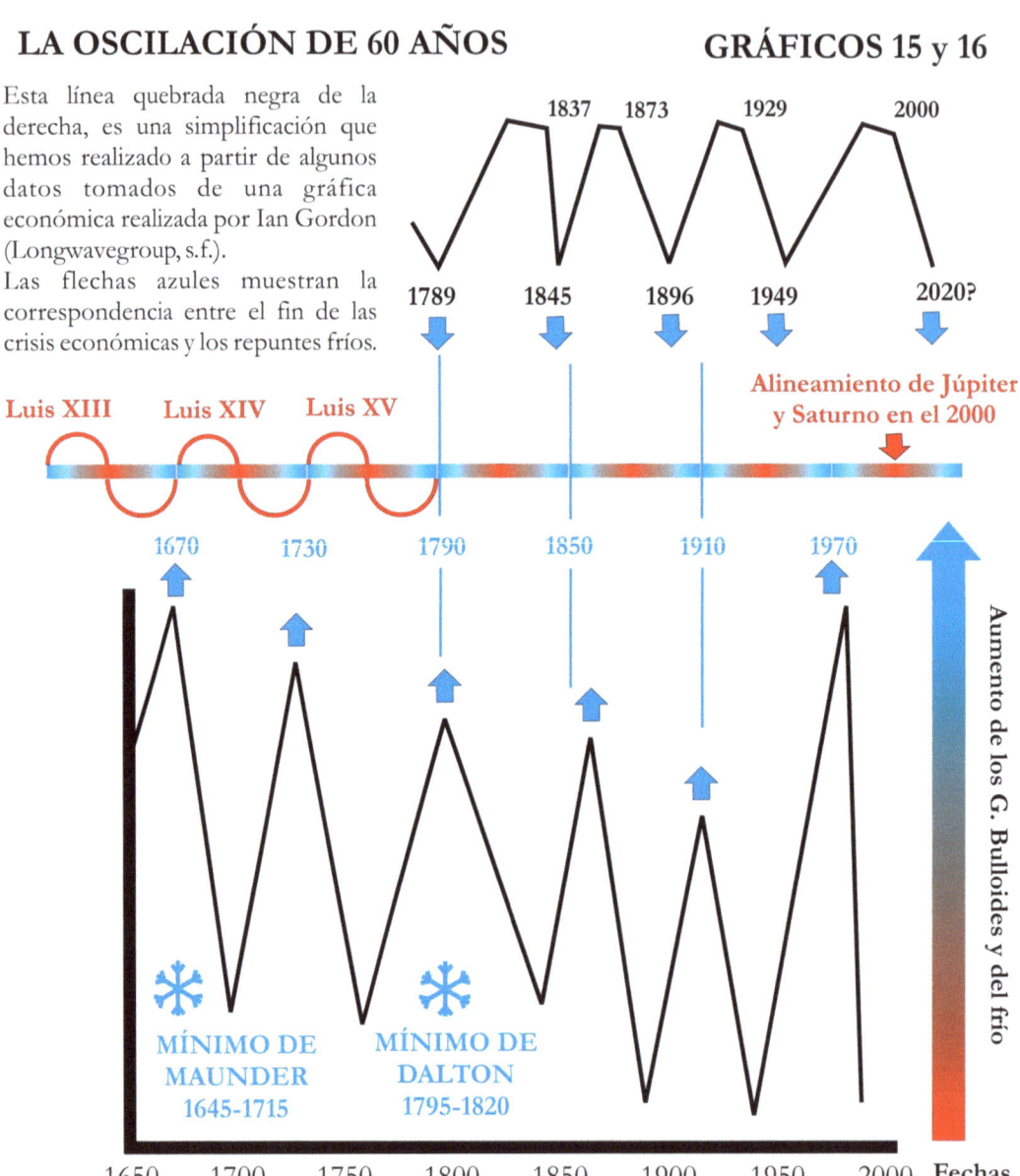

La gráfica inferior, relacionada con la superior mediante flechas azules, es una representación sencilla realizada por el autor de la que aparece en Scafetta (2010, p. 3, quien cita a su vez a Black et al., 1999). En ese artículo, Scafetta explica que los G. Bulloides aumentan en los periodos fríos (2010, p. 2). También menciona la coincidencia de este ciclo climático con el alineamiento de Júpiter y Saturno cada sesenta años, resaltando como ejemplo el del año 2000 (pp. 4, 11). Este último dato lo hemos incluido en la línea central bicolor de esta página.

JOB FLORES FERNÁNDEZ © 2018

5.3. LUIS XIII Y LUIS XIV (BARROCO) FRENTE A LUIS XV (ROCOCÓ)

En la Historia del Arte, los estilos suelen agruparse de manera general por siglos, de modo que existen también un *Seicento* (1600-1700) y un *Settecento* (1700-1800). De este modo, se podrían reunir por su similitud, los estilos barrocos de Luis XIII y Luis XIV, separándolos del Luis XV o rococó.

a. Estudios históricos, sociales y económicos

Modelski y Thompson, han estudiado este periodo que nos compete, relacionando:

a) "Ciclos largos" surgidos al unir dos ondas K (Modelski y Thompson, 1996, pp. 69, 137).

b) "Ciclos hegemónicos", divididos en tres fases que desembocan en la hegemonía (Modelski, 1987, pp. 96, 102; Modelski y Thompson, 1996, pp. 8, 54). Incluyen las grandes guerras (fase 3.) que delimitan estos últimos periodos (o "ciclos largos sistémicos") (Modelski, 1987, p. 102).

Los datos aportados por estos investigadores para la época barroca son los siguientes (ver gráfico 13, en la página 53):

Ciclo Largo 6. Holanda. 1540-1640.	
Onda K 11 y fases hegemónicas (I)	**Onda K 12 y fases hegemónicas (II)**
K11. 1540-1580	**K12.** 1580-1640
1)1540-1560................1. Deslegitimación	1)1580-1609.............3. Guerra Mundial: Independencia holandesa
2)1560-1580................2. Desconcentración	2)1609-1640.............**4. Hegemonía: Holanda 1609-1714**

Ciclo Largo 7. Gran Bretaña I. 1640-1740.	
Onda K 13 y fases hegemónicas (I)	**Onda K 14 y fases hegemónicas (II)**
K13. 1640-1688 1)1640-1660................1. Deslegitimación 2)1660-1688................2. Desconcentración	**K14.** 1688-1740 1)1688-1713.............3. Guerra Mundial: Guerras de Luis XIV 2)1713-1740.............**4. Hegemonía:** **Gran Bretaña I. 1714-1815**

Podemos ver en negrita, dos etapas correspondientes a la hegemonía holandesa y a la británica I. Aplicados a nuestra etapa histórica, estos ciclos dividen la edificación del palacio en dos fases aproximadas de unos 100 años:

a) Barroco o *Seicento* (hegemonía holandesa, 1609-1714).

b) Rococó o *Settecento* (hegemonía británica I, 1714-1815).

Como veremos a continuación, estas etapas hegemónicas (1609-1714 y 1714-1815) parecen tener una correspondencia generacional.

Para Toynbee (1987), en su "ciclo de Guerra-y-Paz" (p. 272), Luis XIV es el eje alrededor del cual pivotan los reinados de Luis XIII y Luis XV (añadidos en cursiva; ver gráfico 13, en la página 53).

	Primer Ciclo regular (1568-1672)	*Segundo Ciclo regular (1672-1792)*
(Guerras premonitorias)	-----	(1667-1668)
Guerra General	1568-1609	1672-1713 (*Luis XIV, 1643-1715*)
Espacio de respiro	1609-1618 (*Luis XIII 1610-1643*)	1713-1733 (*Luis XV, 1715-1774*)
(Epílogo) Guerras Suplementarias	1618-1648 (*Luis XIII, 1610-1643*)	1733-1763 (*Luis XV, 1715-1774*)
Paz General	1648-1672 (*Luis XIV, 1643-1715*)	1763-1792

b. Estudios generacionales

Aunque la teoría generacional de Strauss-Howe se basa en la historia angloamericana, dos de sus *saeculum* o ciclos de cuatro fases[28] comprenden la construcción del palacio de Versalles. El caso es que el primer ciclo engloba la fase plenamente "barroca" del edificio, y el segundo la denominada "rococó" (*añadidos nuestros a la tabla; ver gráfico 14, en la página 56).

A. Fase barroca (Luis XIII y Luis XIV)*				
SAECULUM New World 1594-1704	High 1594-1621	Awakening 1621-1649	Unraveling 1649-1675	Crisis 1675-1704
Generations	Puritan 1594-1621	Cavalier 1618–1647	Glorious 1648–1673	Enlightenment 1674-1700
B. Fase rococó (Luis XV)*				
SAECULUM Revolutionary 1704-1794	High 1704-1727	Awakening 1727-1746	Unraveling 1746-1773	Crisis 1773-1794
Generations	Awakening 1701-1723	Liberty 1724–1741	Republican 1742–1766	Compromise 1767-1791

---

28 *"Saeculum"* o "siglo", referido a "una larga vida humana" o "un siglo natural" (Lifecourse, s.f. a). Tienen una duración de uno 90 años. Cada una de sus cuatro fases o *"turnings"* ("giros") dura unos veinte años, correspondiendo aproximadamente con una generación o etapa de la vida. Son llamados *High* (Auge), *Awakening* (Despertar), *Unraveling* (Desenredo) y *Crisis*, y describen el tránsito de una sociedad donde priman las instituciones comunes (*High*) a otra en la que el individualismo ha atomizado a la sociedad (*Crisis*) (Lifecourse, s.f. b).

Puede observarse que los *"saeculum"* correspondientes a esta etapa (*New World* 1594-1704 y *Revolutionary* 1704-1794) transcurrieron durante periodos de tiempo muy similares a los ciclos hegemónicos de Modelski (1609-1714 y 1714-1815).

En Francia, estos primeros 90 años (87 años realmente) irían desde el Edicto de Nantes (1598) hasta su revocación (Edicto de Fointainebleau, 1685); y los otros 90 desde ahí, hasta que se volvió a restituir los derechos a los protestantes en 1787 (Edicto de Versalles o de Tolerancia, 102 años exactamente) (Citron, 1992, pp. 128-129; Fremont-Barnes, 2007, p. 212) (ver gráfico 14, en la página 56).

5.4. LUIS XIII (BARROCO INICIAL) FRENTE A LUIS XIV Y LUIS XV (PLENO Y TARDÍO)

Por otro lado, mientras que Luis XIII solo edifica un palacete de recreo, Luis XIV y Luis XV construyeron la mayor parte del palacio de Versalles, siguiendo además una cadencia parecida. Podríamos entonces entender el barroco inicial como un estilo de transición, y los estilos Luis XIV y Luis XV (barroco pleno y tardío), como un conjunto más acorde o significativo.

a. Estudios históricos, sociales y económicos

Otero Novas (2007) dice que "dentro de una gran fase dionisíaca comenzada a fines del XV y que dura hasta finales del XVII" (p. 82), pueden establecerse las siguientes oscilaciones entre los periodos opuestos que él llama "apolíneo" y "dionisíaco" (p. 110). Esta periodización, separa el reinado y el estilo de Luis XIII de los de Luis XIV y Luis XV (duración en cursiva, añadida por nosotros):

DIONISÍACO			APOLÍNEO
Dionisíaco	Apolíneo	Dionisíaco	Apolíneo
Ca. 1450-XVI	1590-1620	1620-1660	**1660-1789** (*129 años*)

Barzun (2002) propone dividir la historia de Occidente a partir del Renacimiento en "tres periodos de tiempo, cada uno de 125 años aproximadamente" (pp. 23-24). Estos estarían dominados por una cuestión, que añadimos entre comillas:

1500-1660 "qué creer en religión"	**1661-1789** "el modo de gobierno"	1790-1920 "igualdad social"

De este modo, el reinado de Luis XIV habría marcado un antes y un después en la historia, como no volvería a suceder hasta la época de Napoleón. Los reinados de Luis XIV y Luis XV, con sus estilos, formarían entonces un conjunto significativo (1661-1789, 128 años).

Para Kennedy (1988), la etapa que va entre 1660 y 1815, es igualmente una unidad distinta de la anterior (su duración es de 155 años). Y dentro de ese periodo, separa una fase en concreto, situada entre 1660 y 1763 (Luis XIV y Luis XV) (p. ix).

Wallerstein (1984 b) establece tres fechas que provocan una "ruptura" en la Edad Moderna (p. 11):
- 1500: "la creación de un sistema *mundial* capitalista".
- 1650: "momento en el que aparecen los primeros Estados "capitalistas".
- 1800: "la industrialización como cambio crucial".

Establece así periodos de 150 años, enmarcándose los estilos Luis XIV y Luis XV en el segundo.

1. Recordemos que, para el autor, tres grandes conflictos bélicos marcaron la historia moderna (Wallerstein, 1984 a, pp. 41-42) (ver gráfico 12, en la página 51):
- La Guerra de los Treinta Años (1618-1648), con la victoria holandesa sobre los Habsburgo.
- Las Guerras Napoleónicas (1792-1815), donde los británicos vencen a los franceses.
- Las dos Guerras Mundiales (1914-1945), donde Estados Unidos vence a Alemania.

Los estilos Luis XIV y Luis XV se ubicarían entre las dos primeras guerras.

2. Wallerstein también establece una correspondencia entre ondas K y etapas hegemónicas. Esta tabla recoge las referidas al barroco[29] (Hopkins, Wallerstein, et al., 1982, p. 118).

---

29 El periodo barroco aparece en negrita. El texto entre corchetes es un añadido que se refiere a cada una de las grandes guerras señaladas anteriormente por el mismo autor.

El reinado de Luis XIV, aparece por tanto como un punto de viraje entre los dos periodos hegemónicos (añadidos en cursiva; ver gráfico 12, en la página 51).

HEGEMONÍA	Ascenso	Victoria	Madurez	Declive
	Onda K		Onda K	
II. Países Bajos	A. 1575-1590	**B. 1590-1620** *Luis XIII*	**A. 1620-1650** *Luis XIII* *[Guerra Treinta* *Años 1618-1648)]*	**B. 1650-1672** *Luis XIV*
	A. 1672-1700 *Luis XIV*	**B. 1700-1733/50** *Luis XV*	**A. 1733/50-1770** *Luis XV*	B. 1770-1798

Goldstein (1988), basándose en Quincy Wright, describe cuatro eras bélicas y hegemónicas divididas entre sí por grandes guerras (pp. 283-285). El palacio de Versalles se construye en la coyuntura entre dos de ellas (ver gráfico 12, en la página 51):

1. 1350?[30]-1648. *Guerras de mercenarios*. Hegemonía veneciana contestada por los Habsburgo, termina en la Guerra de los Treinta Años, donde son vencidos (1618-1648).
2. 1648-1815. *Guerras profesionales*. Hegemonía neerlandesa contestada por Francia, culminando en las Guerras revolucionarias francesas y napoleónicas con la derrota gala (1793-1815).

Se marca así una diferencia entre la etapa de Luis XIII (que culmina en la Guerra de los Treinta Años), y la de Luis XIV y Luis XV, englobadas en la "segunda era" (1648-1815, de 167 años).

Arrighi data igualmente sus "ciclos sistémicos de acumulación" (CSA) de un modo parecido a los anteriores autores (citado por Valiani, 2009, p. 195) (cursivas nuestras):

---

30 Para Quincy Wright, 1450 (citado por Goldstein, 1988, p. 284).

| 1. Genovés: 1450-1640 | 2. Holandés: 1640-1790 *(150 años)* |

Toynbee (1987), en su "ciclo de Guerra-y-Paz" (p. 272), llama "Segundo Ciclo Regular (1672-1792)" a los 120 años que abarcan a Luis XIV y Luis XVI (ver gráfico 13, en la página 53).

Además de estos estudios, resulta interesante comprobar que muchos de los enfrentamientos "norte-sur[31]" (Goldstein, pp. 288, 306), se sucedieron con una duración aproximada de unos 120 años. En la conclusión citaremos otros ejemplos, pero los casos más significativos para este estudio serían los ocurridos entre Francia e Inglaterra[32]:

- *Première Guerre de Cent Ans* (1154-1259, 105 años; o 1159-1299, 140 años) (Aprile y Bensimon, 2006, p. 257; Jones, 1994, p. 89).
- *Guerre de Cent Ans* (1337-1453, 116 años) (Aprile y Bensimon, 2006, p. 259).
- *Seconde Guerre de Cent Ans* (1689-1815, 126 años) (Poussou, 2000, p. 52).

b. Influencias climáticas y medioambientales

Si observamos los gráficos 3 y 4 (en las páginas 31 y 35), comprobamos que entre los períodos más fríos de la Edad Moderna han transcurrido una media de 120 años, y que en ellos se construyeron algunas de las cúpulas más famosas de la franja mediterránea (las fechas de estas construcciones se obtuvieron de Palomero Páramo, 1996, pp. 143-146, 168, 195-196; Gáldy, 2016, p. 49; Wackernagel, 1997, p. 26; Argan, 1999, p. 79; Hanser, 2006, pp. 94-96; Charvet, 1899, pp. 340-343; Ayers, 2004, p. 112).

---

31 La variación de tendencia "norte y sur" también se aprecia en la economía (Wallerstein, 1984b, pp. 28-29).
32 Otros conflictos conocidos de la Antigüedad, sincrónicos y con características similares, fueron:
- Las Guerras Sirias (274-168 a. C., 106 años; o 113 años si se toma en cuenta la guerra de 281-279 a. C.).
- Las Guerras Púnicas (264-146 a. C., 118 años).
(Tucker, 2017, p. 23; Hidalgo de la Vega, Sayas Abengochea, y Roldán Hervás, 1998, pp. 379, 381-382, 391, 401-402, 422-424; Davesne, 2000, p. 10; Le Bohec, 2013, p. 25; Speake, 1999, p.128).

5.5. UN BARROCO MODERNO

Spengler (1966) refiriéndose a los "griegos y romanos", dice:

En la «Antigüedad» hubiera podido, hubiera debido hallarse ya hace tiempo una evolución enteramente pareja a la de nuestra propia cultura occidental; esa evolución es diferente en los detalles superficiales, pero idéntica por el impulso íntimo, que conduce el gran organismo a su acabamiento. Habríamos entonces encontrado en la Antigüedad un constante *álter ego* comparable, rasgo por rasgo, con nuestra propia realidad (p. 55).

Para él, son comparables el "Jónico (650-350 a. C.)" y el "Barroco (1500-1800 d. C.)"; y el "Helenismo (300-100 a. C.)" y los siglos XIX-XX (1800-2000 d. C.) (desplegable pp. 84-85). Estas fechas distan entre sí unos 2.100 años aproximadamente.

Modelski, en cambio, describe grandes periodos de 2.000 años de duración, a los que llama *"Ancient Era (3000-1000 a. C.)"*, *"Classical Era* (1000 a.C.-1000 d. C.), y *"Modern Era* (desde el 1000 d. C.)" (citado por Nascimento Rodrigues y Devezas, 2009, p. 43).

Toynbee (1956) compara el *"Time of Troubles* (431-31 a. C.)" helénico que dará lugar al *"Universal State* (31 a. C.)" romano, con el *"Time of Troubles* (1378-1797 d. C.)" occidental que culmina también en un *"Universal State* (desde 1797 d. C.)" (p. 327). La distancia entre fechas es de unos 1.800 años.

Y Deulofeu, divide la historia de las civilizaciones en tres ...grandes ondas creativas... de 1.700 años; en la primera, el arte se presenta influenciado por otra cultura anterior (...sería el caso del arte egeo respecto del egipcio...); en la segunda es un arte plenamente original; y en la tercera es un mero ...renacimiento (citado por Gutiérrez, 2014, pp. 85-86). En el caso de la griega, sus tres etapas serían las correspondientes a los periodos prehelénico, helénico, y moderno (p. 30). Estas estuvieron separadas por "edades oscuras" que se desarrollaron de forma alterna (Gómez Espelosín, 2001, p. 51; Claramunt Portela, González, y Mitre, 2014, p. 3).

Voltaire, para finalizar, describe las cuatro épocas más felices de la humanidad: la antigua Atenas, Roma, el Renacimiento, y el siglo de Luis XIV (Barzun, 2002, pp. 566-567).

Así, estos autores hablan de periodos similares en una media de 1.800-1.900 años[33] (gráfico 17, en la página 73)[34]. Y lo cierto es que en la Historia del Arte hallamos comparaciones con este margen de tiempo, que nos dirigen hacia un "barroco helenístico" (Aullón de Haro, 2013, p. 23) con el que poder comparar el "barroco moderno" de Versalles. Aquel "barroco antiguo" se desarrolló entre el estilo clásico (siglos V y IV a. C.) y el neoático (siglo I a. C.)[35], del mismo modo que el barroco moderno se sitúa entre el Renacimiento clásico (siglos XV y XVI) y el neoclásico (siglo XIX) (Ocampo, 1992, pp. 59, 150).

Pollitt (1986), distingue además en el arte helenístico las siguientes fases, que se suceden con un notable paralelismo cronológico respecto a las del barroco actual:

- 1. La época de los Diadocos (c. 323-275 a. C.) 48 años, donde nace una "iconografía real[36]" entorno a Lisipo y su escuela (p. 17).

---

33 [Las gráficas 28 y 29 (páginas 134-137) nos hacen pensar que el promedio exacto serían unos 1.845 años. En ese caso, los ciclos cortos tendrían una duración promedio de 61,5 años. Tomando como referencia alguna fecha importante (p. ej. 1914, Primera Guerra Mundial), la secuencia de los gráficos 4 (página 35) y 26 (página 131) quedaría rectificada como sigue: 1422-1483-1545-1606-1668-1729-1791-1852-1914-1975.]

34 Esta gráfica ilustra las tres grandes "ondas creativas" de la civilización occidental, en tramos de unos 1.800 años. Se emplean para ello esculturas aproximadamente equidistantes. También se muestran los cambios climáticos explicados anteriormente (página 30, n. 10). Los gráficos 18 y 19 (páginas 125-126) muestran su utilidad a la hora de explicar el desarrollo y la evolución de las grandes edificaciones y periodos de la historia. Los gráficos 20, 21 y 22 (páginas 127-129) muestran las civilizaciones que se desarrollaron al sur de la península ibérica durante las llamadas "edades oscuras".

35 Un estilo este "bastante análogo al que en nuestro arte occidental hacia 1800, reemplaza con el estilo imperio del Barroco y Rococó moribundos", según dice, a partir de las ideas de Wölfflin, M. Picón Salas (2007, p. 73).

36 Un símil moderno a este respecto: "si no hay un Apeles sin Alejandro Magno, no hay un Tiziano sin Carlos V" (Urquízar Herrera y Cámara Muñoz, 2015, p. 274).

- 2. La época de los Reinos Helenísticos (275-150 a. C.) 125 años, el llamado propiamente "barroco helenístico" (p. 17).
- 3. La fase Greco-Romana (150-31 a. C.) 119 años, donde incluso existe un estilo calificado de "rococó" y otro de "neoclasicismo" (pp. 17, 127, 164).

Aplicando el mismo lapsus temporal de unos 1.850 años a las fechas del barroco helenístico (sumando 1.850 años a las anteriores), las etapas resultantes serían (ver gráfico 4, en la página 35):

- 1. 1527-1575 d. C., un periodo de 48 años; nuestro manierismo, que gira en torno a Miguel Ángel y sus seguidores principalmente[37].
- 2. 1575-1700 d. C., un periodo de 125 años que agrupa al barroco inicial y al pleno.
- 3. 1700-1819 d. C., otro periodo de 119 años que comienza con el rococó y termina en el neoclásico.

Buscando en los 125 años del "barroco helenístico", y concretamente en la segunda mitad del periodo (a partir del 200 a. C. aproximadamente), hallamos obras que según este cálculo deberían ser comparables a Versalles. Y es en este contexto temporal, donde dice el afamado M. Collignon, que ...*no se puede mirar a otro lado que no sea Versalles para poder comprender Pérgamo* (citado por Bilsel, 2012, p. 114, cursivas nuestras)[38].

Esta antigua ciudad helénica, se convirtió en la plataforma política de la dinastía atálida[39]. Entre sus construcciones, destaca el famoso *Altar consagrado a Zeus y Atenea*

---

37 "Puede afirmarse sin lugar a dudas que la aportación más importante para la consumación de la forma clásica tardía y su sustitución por la forma efectista del helenismo fue realizada por el escultor Lisipo, quien, igual que Miguel Ángel, con su prodigiosa capacidad de trabajo, puso su sello a toda la producción de la época que va desde el 360 a. C. hasta finales del siglo" (Hatje, 2005, p. 81).

38 Collignon dijo exactamente ...Versalles nos ayuda a comprender Pérgamo (Collignon y Potremoli, 1900, p. 229).

39 De la ciudad del Rey Sol, se dice que "las decoraciones solares que invaden el edificio (...) convierten este palacio en Heliópolis, la ciudad del Sol" (Mínguez y Rodríguez, 2006, p. 196). También sabemos que el último atálida, Aristónico, llamó a sus partidarios "Heliopolitanos o

(180-160 a. C.), su zona mejor conocida y conservada (Palomero Páramo, 1996, p. 42). Este fue "erigido por Eumenes II en memoria de sus victorias sobre los gálatas[40], el monumento formó parte de la propaganda del Estado y de la exaltación política nacional" (Delgado Linacero, 2002, p. 329). Algunos paralelismos formales entre el *Gran Altar* de Pérgamo y el palacio de Versalles son (ver páginas 74-75, gráfico 23):

- Su estructura en ...forma de U (Waxman, 2008, p. 138), típica también de los palacios franceses barrocos ("planta en U", según Cantera Montenegro, 1999 p. 36).

- Sus esculturas y decoración[41], de las que Hartt dice: "el estilo del altar de Zeus, que por analogía con el arte del siglo XVII d. C., especialmente con el de maestros como Bernini y Rubens suele ser calificado generalmente de "Barroco de Pérgamo"" (1989, p. 222).

- La importancia dada a los jardines, como también ocurre en Versalles. De Pérgamo, se dice que "en sus límites se inventó la jardinería tal como la conocemos" (González, 2016). Y Fernández (2016) explica:

"Ciudadanos del Sol"', aunque existen diversas interpretaciones para el uso del término (Grimal, 2002, p. 104).

40 Ya sus habitantes habían rechazado en el año 228 a.C. una "incursión céltica de gálatas" (Palomero Páramo, 1996, p. 42), con lo que el ingrediente "galo" o "celta" está tan presente aquí como en Versalles.

41 El uso de las columnas jónicas en el exterior, como elemento dinamizador de las fachadas, y la coronación del conjunto con "trofeos" o "figuras de dioses" a la altura de las cubiertas son elementos comunes tanto en Pérgamo como en Versalles (Hartt, 1989, pp. 221, 808; Delgado Linacero, 2002, p. 332). Por otro lado, algunas esculturas de Versalles recuerdan más bien a las de la escuela helenística de Alejandría, y es fácil ver a la *Alegoría del Río Nilo* (siglo II a. C. y descubierta en 1513, Musei Vaticani, s.f.), como un paralelo casi exacto de la *Alegoría del Río Loira* (1685-1694, de T. Regnaudin, ubicada en Versalles) (Strachan, 1976, p. 29; Sabatier, 1999, p. 65).

Las pendientes del terreno propiciaron que la ciudad estuviera escalonada, aunque para optimizar sus vistas y el espacio de sus edificios se levantaron terrazas artificiales en ella. Esta obra de ingeniería supuso una revolución en la arquitectura de la época, ya que era la primera vez que se buscaba la integración de la ciudad en su paisaje.

De Versalles, también se dice que "por primera vez el jardín no era diseñado en función del terreno, sino que se modificó el terreno en función del jardín" (Mínguez y Rodríguez, 2006, p. 196). Barzun (2002) destaca igualmente el esfuerzo de convertir "un lugar poco prometedor, en la cima de una meseta de escasa altura" en el conjunto que hoy es Versalles, y destaca que "sojuzgar a la naturaleza es uno de los elementos del barroco" (pp. 504-505).

OSCILACIONES ARTÍSTICAS Y CLIMÁTICAS

GRÁFICO 17

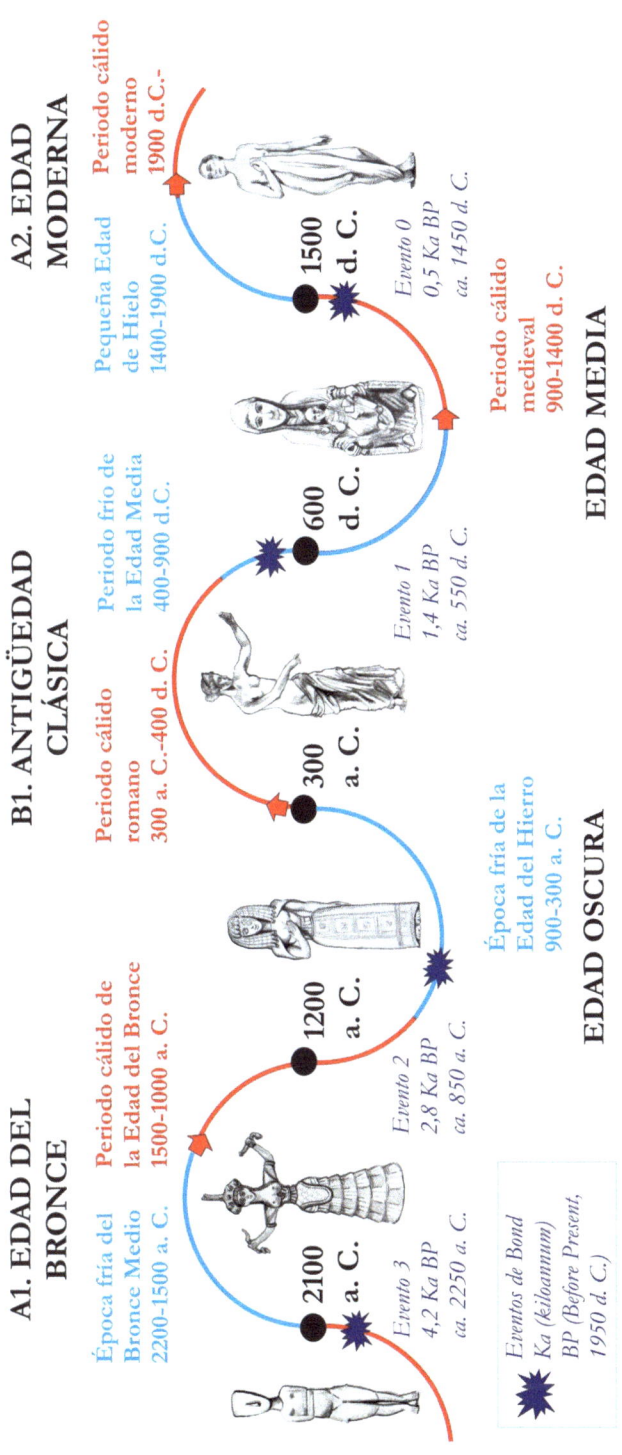

A1. EDAD DEL BRONCE

B1. ANTIGÜEDAD CLÁSICA

A2. EDAD MODERNA

Época fría del Bronce Medio 2200-1500 a. C.

Periodo cálido de la Edad del Bronce 1500-1000 a. C.

Periodo cálido romano 300 a. C.–400 d. C.

Periodo frío de la Edad Media 400-900 d.C.

Pequeña Edad de Hielo 1400-1900 d.C.

Periodo cálido moderno 1900 d.C.–

*Evento 0
0,5 Ka BP
ca. 1450 d. C.*

Periodo cálido medieval 900-1400 d. C.

EDAD MEDIA

*Evento 1
1,4 Ka BP
ca. 550 d. C.*

*Evento 2
2,8 Ka BP
ca. 850 a. C.*

Época fría de la Edad del Hierro 900-300 a. C.

EDAD OSCURA

*Evento 3
4,2 Ka BP
ca. 2250 a. C.*

2100 a. C.

1200 a. C.

300 a. C.

600 d. C.

1500 d. C.

*Eventos de Bond
Ka (kiloannum)
BP (Before Present,
1950 d. C.)*

Estas ilustraciones del autor, representan esculturas aproximadamente equidistantes: un ídolo cicládico (ca. 2600-2400 a. C., The Metropolitan Museum), la *Diosa de las Serpientes* (ca. 1650-1550 a. C., Museo Arqueológico de Heraclión), la *Dama de Auxerre* (ca. 640 a. C., Museo del Louvre), la *Venus de Capua* (117-138 d. C., Museo Arqueológico Nacional de Nápoles), la *Virgen de Ger* (ca. 1150 a. C., Museo Nacional de Arte de Cataluña) y *Ariel with drape* (2012, de John De Andrea).

...en todos los ambientes, en todos los períodos de la historia, las épocas o estos estados presentan las mismas características formales, así que no hay que sorprenderse de constatar las estrechas correspondencias entre el arcaísmo griego y el arcaísmo gótico, entre el arte griego del siglo V, y las figuras de la primera mitad de nuestro siglo XIII; entre el arte flamígero, este arte barroco del gótico, y el arte rococó. La historia de las formas no se traza con una línea única y ascendente. Un estilo llega a su fin, otro nace a la vida. Focillon (citado por Aullón, 2013, p. 76).

JOB FLORES FERNÁNDEZ © 2018

BARROCO HELENÍSTICO/BARROCO MODERNO

Antigüedad Clásica

GRÁFICO 23 a

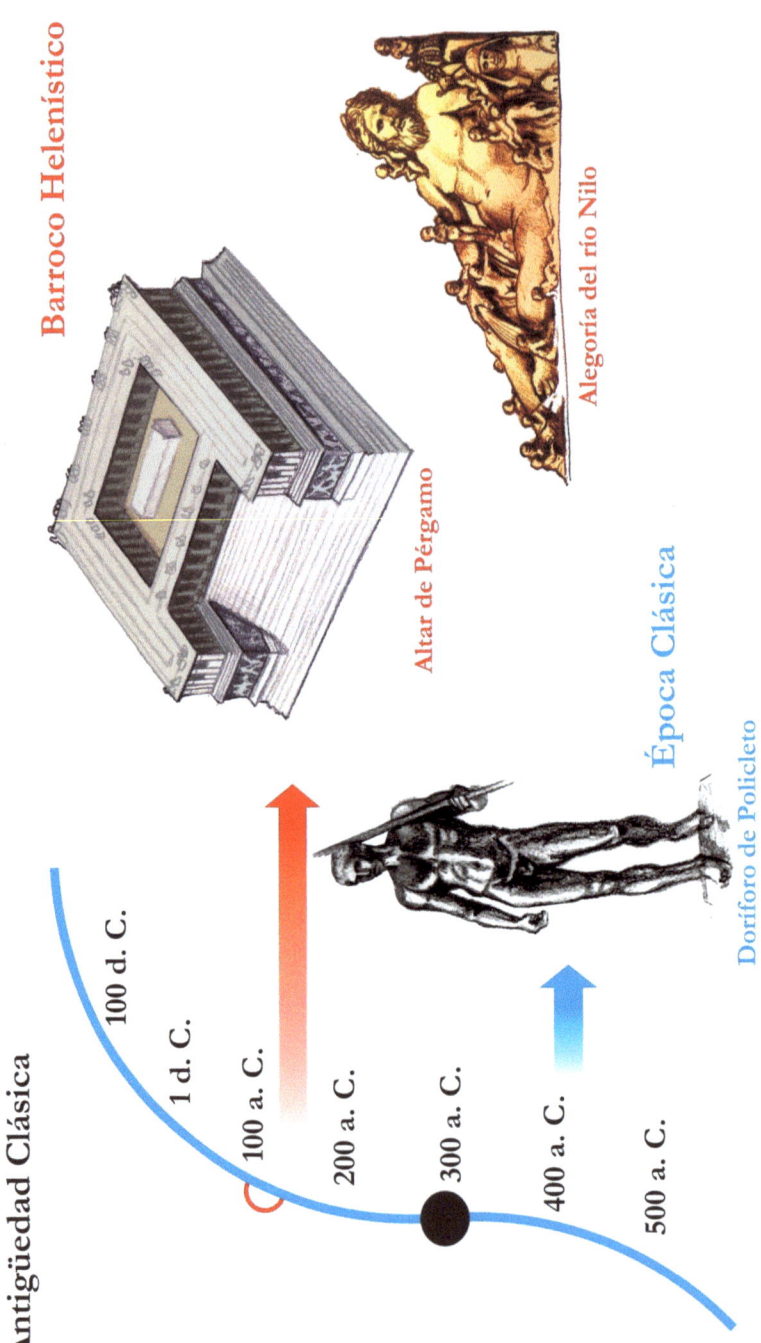

Barroco Helenístico

Alegoría del río Nilo

Altar de Pérgamo

Época Clásica

Doríforo de Policleto

100 d. C.

1 d. C.

100 a. C.

200 a. C.

300 a. C.

400 a. C.

500 a. C.

...El arquitecto se acompaña de un ingeniero. Aspira a crear conjuntos simétricos, a alinear en una bella composición de vastos pórticos, a trazar largas perspectivas, a agrupar los edificios como en una suntuosa decoración. Tal es el carácter de la Acrópolis de los Atálidas, y nuestro gusto moderno no sabría qué más decir. Versalles nos ayuda a comprender Pérgamo.

Collignon, M. y Potremoli, E. (1900). *Pergame: restauration et description des monuments de l'Acropole.* París: L. H. May, p. 229.

JOB FLORES FERNÁNDEZ 2018

Imágenes del autor.

BARROCO HELENÍSTICO/BARROCO MODERNO

GRÁFICO 23 b

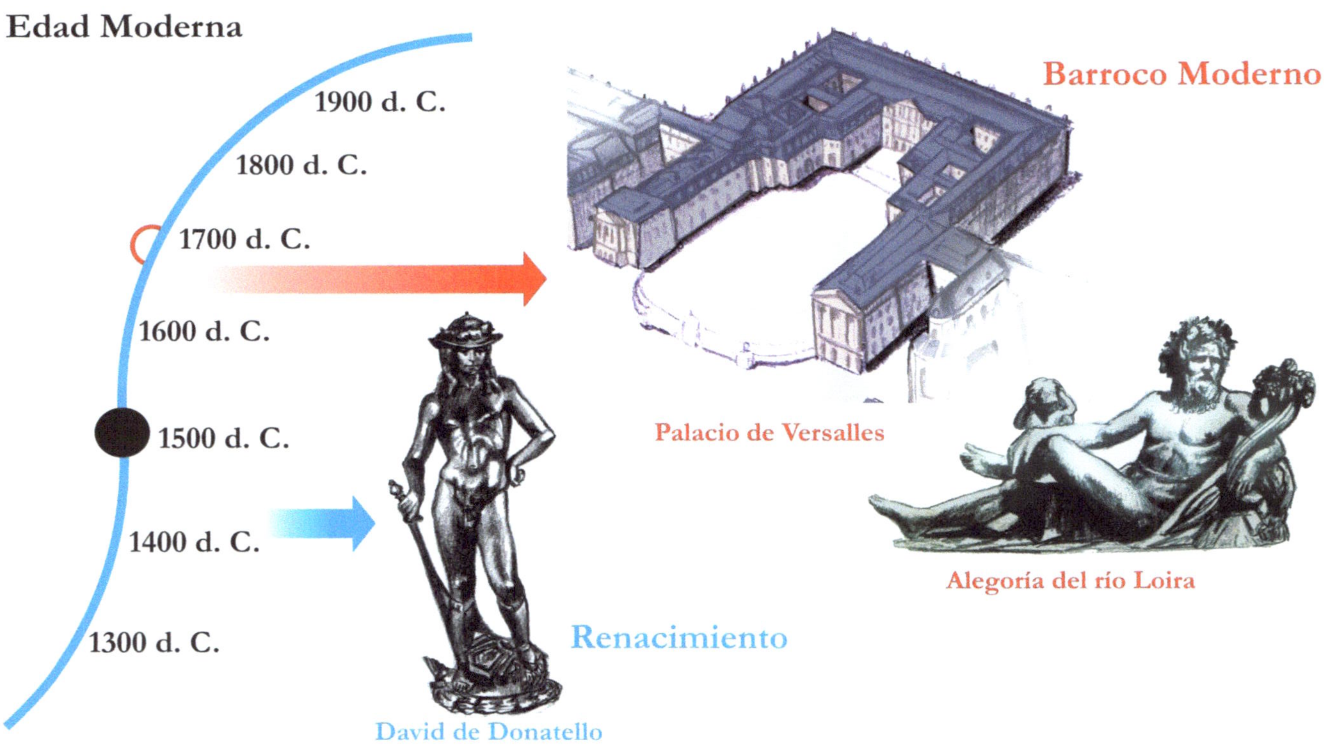

Edad Moderna

Barroco Moderno

Alegoría del río Loira

Palacio de Versalles

Renacimiento

David de Donatello

1900 d. C.

1800 d. C.

1700 d. C.

1600 d. C.

1500 d. C.

1400 d. C.

1300 d. C.

Los 1.845 años de promedio, pueden dividirse en treinta ciclos de 61,5 años.

Imágenes del autor.

JOB FLORES FERNÁNDEZ 2018

5.6. EL SIGLO DE LUIS XIV

No podíamos concluir nuestras comparaciones, sin un plano de detalle sobre la etapa más significativa de la construcción de Versalles: el mandato del Rey Sol. En este texto comparamos la primera mitad de su reinado con la segunda (ver gráfico 24, en la página 89).

A) La época del progreso (1651-1682)

El Rey Sol[42] (1638-1715) nació en una Francia marcada por la miseria, las revueltas y la corrupción. Durante su infancia, el país vivió la regencia de su madre, Ana de Austria. Sin embargo, el poder efectivo lo ejercería el cardenal Mazarino, quien aprovechó para amasar la llamada "mayor fortuna privada" conocida en Francia antes de la Revolución (Ayuso, 2016; Sáenz, 2016)[43].

Al mismo tiempo que subían los impuestos, estallaban las revueltas de la Fronda (1648-1652), que llegaron a poner en peligro la vida del joven rey (Cantera Montenegro, 1999, p. 6; Biografías y Vidas, s.f.)[44].

Este hecho será de vital importancia ya que, entre las razones para mudarse de París a Versalles, estará el miedo del monarca a otro motín popular. Para evitarlo, debía tener a la nobleza reunida, controlada y entretenida con constantes divertimentos[45]; a la vez que aislada de la clase trabajadora, para que esta no se sintiera exasperada

---

42 Título heredado de Luis XIII, a quien Richelieu convirtió en el único centro de poder (Barzun, 2002, p. 433).

43 La reina regente se había casado en secreto con el cardenal Mazarino, su principal ministro (Barzun, 2002, p. 434).

44 La muchedumbre llegó a irrumpir en la habitación del pequeño rey, que yacía en la cama (Barzun, 2002, p. 434)

45 También para evitar sublevaciones como la de la "Fronda de los príncipes" (Cantera Montenegro, 1999, p. 46). Barzún (2002) explica que era esta una forma de dominio basada en la "ostentación", y esto se contrapone a la "antiostentación" que se persigue hoy en las democracias. Al mismo tiempo, repara en que hay "cierta semejanza entre la exhibición personal del Rey Sol en su alcoba y las fotografías de nuestros líderes corriendo por el parque" (pp. 438-439).

ante tanta holganza (Cantera Montenegro, 1999, p. 46; Barzun, 2002, p. 436).

Pero no fue hasta 1651 cuando, con 13 años, fue declarado mayor de edad. En esta época, se dice que visitó Versalles, y se enamoró del lugar (Château de Versailles, s.f. b). A partir de aquí, comienza una época de mejoras económicas, éxitos bélicos y ganancias territoriales. Esta abundancia material, unida a un clima de libertad e innovación, hará posible la construcción del palacio más lujoso de la época, el de Versalles.

1) Libertad e innovación

Luis XIV fue coronado en 1654, cuando se pacificaron las revueltas de la Fronda. Pero no fue sino hasta la muerte de Mazarino (1661), que el monarca se sintió realmente libre para llevar a cabo su proyecto de Estado. El rey escribió entonces en su diario: "de pronto, comprendí que era rey. Para eso había nacido. Una dulce exaltación me invadió inmediatamente" (citado por Biografías y Vidas, s.f.).

Uno de sus primeros aciertos, fue detener y juzgar por corrupción a Nicolas Fouquet[46], superintendente de Finanzas y el "hombre más rico de Francia, popular entre los que favorecía con regalos del tesoro público" (Barzun, 2002, p. 443). En su lugar, colocó al eficaz J. B. Colbert, un burgués que aspiraba al cargo y que habría investigado el caso de Fouquet. Con sus innovadoras propuestas[47], "probablemente duplicó los ingresos del rey; el Estado de Luis XIV fue probablemente el único de la

---

46 Fouquet se había construido un lujoso palacio en Vaux-le-Vicomte, y lo había inaugurado en 1661, despertando la envidia y suspicacia del monarca. En su construcción habían coincidido los mejores artistas de Francia: el arquitecto Le Vau, el paisajista Le Nôtre y el pintor y decorador Le Brun. Todos serían contratados por Luis XIV para edificar su palacio en Versalles (Palomero Páramo, 1996, p. 213).

47 Según Barzun (2002), "este estado de cosas era intolerable para una mentalidad burguesa. Para invertir este precipitado avance hacia la bancarrota, el primer movimiento de Colbert fue recortar los desembolsos y acumular efectivo. (...) fomentar las exportaciones y reducir las importaciones; aquello era mercantilismo" (p. 443). Este asunto trae a colación también el tema de la emancipación, es decir, que el monarca se deshaga de los nobles rivales colocando en su puesto a burgueses capacitados, satisfechos por ocupar el cargo de sus antiguos opresores. El duque de Saint Simon, en la época de Luis XIV, dice: "ha sido este un siglo de vil burguesía" (p. 377).

época capaz de soportar importantes esfuerzos militares sin excesiva dificultad" (Wallerstein, 1984 b, pp. 162-163).

Barzun (2002) habla incluso de una "monarquía bicéfala -Luis en Versalles y Colbert en el resto del país-" (p. 447). Lo cierto es que Francia estaba entonces, como ningún otro Estado del entorno, en disposición de comenzar una campaña expansiva. Colbert dirigió también la fabricación de porcelanas y tapices (los Gobelinos), y ayudó en el patrocinio de diversas actividades culturales (Barzun, 2002, p. 507). Recordemos que en esta época surgen las Academias Reales: la de *Pintura y Escultura* (1648/1655), la de *Francia* en Roma (1666), la de *Danza* (1661), la de *Música* (1669), y la de *Arquitectura* (1671)[48] (Cantera Montenegro, 1999, pp. 6-7).

En cuanto a las libertades, hemos de reconocer que aunque Luis XIV pretendió desde el principio un país unido, al comienzo de su reinado se respetó la diversidad religiosa. Por un lado, el Edicto de Nantes garantizaba la libertad a los hugonotes o protestantes, y en 1661 se nombraron comisarios provinciales (uno católico y uno protestante) para examinar los casos donde se hubiera transgredido dicho pacto (Benlliure Andrieux, 2006, p. 174). De esta forma, se pretendía garantizar la paz entre ambos bandos.

Por otro lado, dentro del catolicismo, grupos considerados luego heréticos, también fueron permitidos. Nos referimos a los jansenistas, quienes contaban con las simpatías de personalidades de renombre, como Racine y Pascal (Meseguer y Villanueva, 1998, p. 29). Entre 1668 y 1679, vivieron una segunda edad de oro bajo la protección de una prima del rey, la duquesa de Longeville (Musée National de Port-Royal des Champs, s.f. a).

2) Conquistas territoriales

Fueron varias las áreas de expansión francesa a través de diferentes conflictos bélicos:

---

48 Hasta la costumbre actual de premiar con una cinta azul a los mejores *chefs* de cocina, surgió en la corte de Luis XIV (Barzún, 2002, p. 436).

a) *Guerras contra España.* Nos referimos a:

- 1658. Batalla de las Dunas. Tras la victoria francesa, se firma el Tratado de los Pirineos (1659). El rey francés obtiene territorios al norte de la mencionada cordillera (como el Rosellón) y también en Flandes (Gómez Sánchez y Alvarado Planas, 2005, p. 87).

- 1667-1668. Guerra de Devolución. Tras la victoria francesa, por el Tratado de Aquisgrán (1668), Francia se apropia de nuevos territorios en los Países Bajos españoles (Black, 2003, p. 89).

b) *Guerra contra Holanda.* Tras este conflicto ocurrido entre 1672-1678, se firma el Tratado de Nimega (1678). Luis XIV, otra vez victorioso, se hace con el Franco Condado y con nuevos territorios en los Países Bajos españoles (Black, 2003, p. 90)[49]. Los franceses habían convertido a su país en una potencia triunfante: para Tapié, "Francia llegó a su apogeo en 1679" (citado por Wallerstein, 1984b, p. 160); y Robert dice que la paz de Nimega, "convenció al rey de que en adelante podría intentar casi cualquier cosa" (citado por Wallerstein, 1984b, p. 172). Este tratado y el anterior, fueron celebrados en Versalles (Cantera Montenegro, 1999, pp. 48-49). Finalmente, la *Guerra de las Reuniones* (1683-1684) (Delmas, 2012, p. 34) y la Tregua de Ratisbona (1684), suponen el "momento que marca el apogeo de la expansión territorial de Luis XIV" (Serrano de Haro, 1995, p. 119).

c) *América.* Luis XIV y Colbert impulsaron la colonización francesa en América, incorporando la Nueva Francia (Canadá) al dominio real, e iniciando la expansión por el Misisipi en 1682. Esta región recibió el nombre de "Luisiana", en honor del rey (Molas et al., 2008, p. 26).

Como veremos más adelante, Luis XIV también pudo contener con éxito una revuelta bretona dentro de sus fronteras. Recordemos que Bretaña es considerada como una de las "naciones celtas" (Price, 1992, p. 1).

---

49 Wallerstein (1984 b), citando a Goubert, dice que Luis XIV estaba "obsesionado por los holandeses" (p. 108). Esta era a la vez, una ...guerra económica- Colbert se preocupaba por la competencia de los mercaderes holandeses (Delmas, 2012, p. 35).

3) Lo que nos cuenta el arte: Versalles

Además de ser la época de los famosos Molière y Lully, las artes plásticas también florecieron con arquitectos como J. Hardouin-Mansart, y pintores como C. Le Brun. Todos seguirán la tutela de las diversas y recién creadas academias estatales, que difundirán el estilo Luis XIV, el barroco clasicista (González Kreysa, 2004, p. 266). Las victorias obtenidas, los nuevos territorios y las ventajas económicas, se plasman en Versalles en tres campañas constructivas, relacionadas a su vez con las correspondientes y sucesivas amantes del monarca (Cantera Montenegro, 1999, pp. 47-48, 50-51; Château de Versailles, s.f. b; New World Encyclopedia, s.f.; Palmer, 2008, p. 274):

- Primera Campaña (1661-1668). Tras la primera victoria sobre España, al palacete de caza inicial se le añade un patio de armas. Es el periodo de la primera amante oficial del rey, Louise de Vallière.
- Segunda Campaña (1668-1678). Después del éxito de Francia en la Guerra de Devolución, la edificación original es rodeada o "envuelta" por nuevos y lujosos edificios. Es la época de Françoise Athénais Rochechouart, marquesa de Montespan.
- Tercera Campaña (1678-1715). El triunfo en la Guerra de Holanda, permite que Luis XIV se disponga ahora a concluir su obra maestra. Se edifican el ala sur (1679-1681), el ala norte (1685-1689) y la famosa Galería de los Espejos (1678-1684) entre otras dependencias. La corte se muda por fin al palacio, la nueva capital de Francia, en 1682 (Palomero, 1996, p. 218). En este periodo, Luis XIV se sintió atraído por Françoise D'Aubigné, nombrada marquesa de Maintenon.

Barzun (2002) repara no obstante, en las muchas vidas que costó tan suntuoso palacio, donde llegaron a trabajar 36.000 hombres y 6.000 caballos (p. 504). A esto hay que sumar el coste económico, que se calcula en 214 millones de francos, lo que hoy sería "una cifra de billones" (p. 506).

Del mismo modo, todas las campañas militares del Rey Sol tuvieron un alto coste en vidas, dinero y esfuerzos. Wallerstein (1984 b) cita a Goubert cuando dice que 1672 fue "«el momento decisivo del reinado» (...) la victoria de Louvois sobre Colbert y el fin de la estabilidad económica", y continúa: "en 1673 el rey se estaba quedando sin dinero, y el edificio que había construido Colbert empezó a venirse abajo" (p. 110). Cita igualmente a Van der Wee cuando dice: "que el mercantilismo francés "fue puesto en excesiva medida al servicio de una política de expansión *militar* durante la *politique de grandeur* de Luis XIV"" (p. 388).

Y las primeras protestas, no tardaron en aparecer dentro del propio país, en este caso ligadas al nacionalismo bretón. De este modo, en 1675 se produce ya en Bretaña una revuelta a causa de los nuevos impuestos sobre el papel sellado y otros productos (la de los Bonetes Rojos). La represión monárquica, hizo que el parlamento bretón tuviera que huir de Rennes a Vannes durante quince años. (López Calleja, 2012, pp. 24, 26, 130). Luis XIV llegó incluso a "decapitar" campanarios en las localidades bretonas rebeldes, como forma de castigo (Cousinié, 2013).

Por otro lado, aunque en 1670 Luis XIV había fundado el *Hôtel des Invalides* para atender a los soldados que quedaban lisiados por la guerra (Cantera Montenegro, 1999, p. 31), Vauban escribía hacia 1675:

> Temo por el estado de la monarquía cuando veo guarniciones compuestas de compañías de niños y de otros pobres infortunados arrebatados de sus hogares y sometidos a toda clase de malos tratos, y que están mandadas en su mayoría por oficiales en condiciones tan malas como las suyas: alojados como cerdos, medio desnudos y medio muertos de hambre (citado por Barzun, 2002, p. 472)[50].

---

50 Recordemos que el ejército estaba pasando de tener unos 120.000 hombres en 1672, a unos 400.000 en 1700 (Delmas, 2012, p. 35).

B) La época del retroceso (1682-1715)

La muerte del ministro Colbert en 1683, al parecer apodado "el Norte" por su frialdad (André y Lelord, 2000, p. 78), parece que efectivamente hizo que el país perdiera su punto de referencia.

El "Estado", se funde entonces con el "Rey", que hallándose en la cima de su poder, aspira a controlar aún más todo su territorio. *"L'État, c'est moi"* ("el Estado soy yo"), es la frase que popularmente se coloca en los labios del monarca (Raynaud y Rials, 2001, p. 19.)[51].

Ahora, "a falta de un ministro verdaderamente dedicado al bien público, Luis XIV recurrió a su esposa y a su confesor" (Barzun, 2002, p. 458).

Su ambición de unificar a Francia ideológicamente, hace que comiencen las persecuciones religiosas; y su voracidad territorial se ve contestada por el resto de Europa. Una vez que el Rey Sol llegó a su cenit, como el astro literal, también comenzó a declinar.

1) La persecución religiosa y el absolutismo político

En 1682, el clero galicano proclama una serie de artículos que reducían la autoridad del papa sobre los asuntos temporales del monarca (Lacueva, 2001, p. 299). Este gesto provocaría una larga controversia con el papado.

Seguidamente, Luis XIV revoca el edicto de Nantes (1685), proscribiendo así la fe protestante[52]. A los hugonotes se les perseguirá mediante acciones violentas

---

51 Para Wallerstein (1984 b), "era un signo de la relativa debilidad del Estado" (p. 45). Para Barzun (2002), o Luis XIV nunca lo dijo, o no fue en el sentido que se cita (como gobierno personal o despotismo), pues "su dominio (...) dependía de la regularidad. Lo ultimo que deseaba era ser considerado arbitrario (...) como los nobles en sus dominios" (p. 433).

52 Sobre las causas, Lüthy lo considera propio de una Francia "consagrada al culto del Estado" y Le Roy Ladurie, piensa que fue una forma de poner a la Iglesia de parte del trono, un "toma y daca (*donnant donnat*)" (citados ambos por Wallerstein, 1984 b, p. 172). Hablando sobre la sobrepoblacion y la expulsión de judíos y moriscos de Europa, Wallerstein (1987) cita a Braudel cuando dice: "la religión era tanto el pretexto como la causa de estas persecuciones […] Aún más adelante, como señaló hace mucho tiempo Georges Pariset, [la ley de los números también operaba] contra los protestantes franceses en la era de Luis XIV" (p. 68).

llamadas "dragonadas"; y sus templos serán destruidos. Como resultado de semejante represión, unos 200.000 protestantes abandonan Francia, llevando con ellos sus riquezas y sus habilidades laborales (Tuchle y Bouman, 1987, pp. 243-244). Algunos hugonotes, lanzaron entonces una revuelta llamada "de los *camisards*" (1702-1704) (Brackney, 2012, p. 72). Estos enfrentamientos, hicieron revivir en el país galo la pesadilla de las sangrientas guerras de religión.

Los jansenistas no correrían mejor suerte, pues entre 1709 y 1713 se les proscribe y se les dispersa. También sufrirán la destrucción de Port-Royal des Champs, su monasterio principal (Musée National de Port-Royal des Champs, s.f. b).

2) Las pérdidas territoriales

Dos grandes guerras causarían la ruina de Francia:

a) *Guerra de los Nueve Años o del Palatinado* (1688-1697). Luis XIV invade territorio alemán, y una gran coalición europea se forma para frenar las ambiciones expansionistas del monarca (Sacro Imperio, principados alemanes de Baviera y Sajonia, España, Suecia, Inglaterra y Holanda). El monarca es derrotado y se ve obligado a devolver los territorios alemanes anexados, así como a realizar otras concesiones a España, Holanda e Inglaterra (Delgado de Cantú, 2005, p. 183; Aranda Pérez, 2004, p. 242)[53]. El tratado de Rijswijk de 1697 significó para H. Martin "el primer paso atrás dado por Francia", y Morgan añade: "Rijswijk marca el principio del fin de Luis XIV. Rijswijk puso el huevo de su destrucción, y Utrech lo incubó" (ambos citados por Wallerstein, 1984b, p. 348).

(Continuación de la nota 52). Pero entre 1687-1688, Luis XIV "*amenazó* a los hugonotes capturados cuando trataban de "escapar"" (Wallerstein, 1984 b, p. 141). Barzun (2002) achaca al deseo del monarca de complacer a la religiosa madame de Maintenon la idea de expulsar "de Francia a sus mejores artesanos" (p. 456).

53 Entre otros, "todos los territorios adquiridos por Francia desde el tratado de Nimega tuvieron que ser devueltos (excepto Estrasburgo y las "reuniones" alsacianas). De este modo Francia cedió zonas en todas sus fronteras: parte o la totalidad de Flandes, Luxemburgo, Lorena, Renania, Pinerolo y Cataluña" (Wallerstein, 1984 b, p. 348).

b) *Guerra de Sucesión Española* (1701-1713). El rey francés pretende ahora que uno de sus nietos sea el nuevo monarca de España. Ante la amenaza de que estos dos imperios coloniales se unan y sean gobernados por una sola persona, Austria, Inglaterra, Holanda, Portugal y Saboya declaran la guerra. Los resultados son desastrosos para Francia y España[54]. Es cierto que el monarca francés consiguió que su nieto, Felipe V, heredara el trono español; pero a cambio, este tendría que renunciar a sus derechos al trono francés, con lo que ambos países nunca podrían unirse. Por otro lado, en el Tratado de Utrecht (1713), Luis XIV se ve obligado a hacer concesiones territoriales en América a la nueva potencia emergente, Inglaterra (Ramos y Mascaró, 1993, p. 157; Mitjans y Castellà, 2001, p. 30.)[55]. Para Barzun (2002), Luis XIV habría conseguido "provocar la primera y segunda guerras mundiales, libradas en tres continentes" (p. 463). Señala el mismo autor, que las dolencias físicas volvieron al monarca "más ensimismado y menos atento a las necesidades de sus súbditos", de modo que Luis exclamó en una de sus últimas batallas, "¿Por qué me haces esto Dios?" (citado por Barzun, 2002, p. 458).

Al final de su reinado, como al principio, la miseria, los motines y los ahorcamientos eran cosa común; y las revueltas serán reprimidas a sangre y fuego. En esta época, Madame de Maintenon, escribía: "las gentes del pueblo mueren como moscas y, en la soledad de sus habitaciones, el rey sufre incontrolables accesos de llanto" (citado por Biografías y Vidas, s.f.). Por último, en 1709, el monarca llegó hasta el punto de fundir su propia vajilla y diversos objetos de plata para solidarizarse con el pueblo (Pujol, 1999, p. 17). Según Barzun (2002), el Rey Sol aprendió

Que la gloria exige dinero, no simplemente hazañas: "La victoria", observó, "estriba en la última pieza de oro". En su lecho de muerte, tuvo también

---

54 Para Veenendaal significó "la liquidación del viejo imperio español en Europa, el fin de la hegemonía francesa, el alba de la preponderancia inglesa en el dominio marítimo y colonial, uno de cuyos símbolos fue la ocupación de Gibraltar" (citado por Wallerstein, 1984 b, p. 262).
55 Wallerstein (1984 b) cita a Mahan cuando dice ""¿Por qué [en 1715] estaba Francia agotada y en un estado deplorable, mientras que Inglaterra se mostraba sonriente y próspera? ¿Por qué dictaba Inglaterra las condiciones de paz y Francia las aceptaba? La razón, al parecer, era la diferencia de riqueza y crédito"" (p. 110).

conciencia de otro pecado, el del derroche (…). El final de su reinado recordaba a pequeña escala las circunstancias de su comienzo: disputas entre los poderosos y malestar en la población (p. 461).

3) Resultados para el arte

Los desastres de la guerra hicieron que las obras del palacio se ralentizaran, quedando algunas partes sin acabar. La única obra importante de este período fue la *Capilla Real*, construida entre 1689 y 1703, y cuya decoración se alargó hasta 1710 (Cantera Montenegro, 1999, p. 52).

Si nos fijamos, este es el lapso que media entre las dos grandes derrotas bélicas del rey. Poco a poco, las obras en Versalles se irán deteniendo, y el palacio se irá deshabitando. Finalmente, a la muerte del monarca (1715), la corte vuelve a París y Versalles cae en el abandono (Château de Versailles, s.f. b.).

El pueblo, que "que en los últimos 30 años sólo ha vivido la guerra y una presión fiscal extraordinaria", ahora "siente un alivio con la muerte del rey", según Sabatier (citado por Rosas, 2015). Barzun (2002) escribe que "ni dolor ni respeto acompañaron la muerte de Luis (…) Quedó a los escritorzuelos de sátiras el estigmatizar al fallecido (…) "Tanto se llenaron nuestros ojos de lágrimas durante su vida que no nos quedaban más para su muerte"" (p. 461).

Ya hacia 1694, Fénélon había escrito una "*Carta a Luis XIV*" (citado por Barzun, 2002, p. 452), pretendidamente anónima, donde decía:

> *Sire*: durante treinta años vuestros ministros han violado todas las leyes ancestrales del Estado con el fin de dar realce a vuestro poder. Han aumentado vuestras rentas y vuestros gastos hasta el infinito y empobrecido a toda Francia en aras de vuestro lujo en la corte. Han hecho odioso vuestro nombre.
>
> Durante veinte años han hecho a la nación francesa insoportable para sus vecinos en guerras cruentas. No tenemos aliados porque solo hemos querido esclavos. Entre tanto, vuestro pueblo se muere de hambre. La sedición se extiende y vos no tenéis otro remedio que permitir su propagación sin castigarla o recurrir a la masacre del pueblo que habéis arrastrado a la desesperación.

Evidentemente, un estilo había acabado, junto a la vida de su promotor. Sus palabras de despedida, dedicadas a su bisnieto y heredero, fueron:

Vas a ser un gran rey. No imites mi amor por los edificios ni mi amor por la guerra. Intenta vivir en paz con tus vecinos. No olvides nunca tu deber ni tus obligaciones hacia Dios y asegúrate de que tus súbditos le honran. Acepta los buenos consejos y síguelos. Intenta mejorar la suerte de tu pueblo, dado que yo, desgraciadamente, no fui capaz de hacerlo (citado por Biografías y Vidas, s.f.)[56].

Y antes de exhalar su último aliento, habría dicho: *"Je m'en vais, mais l'État demeurera toujours"* ("Yo me voy, pero el Estado siempre permanecerá", citado por Raynaud y Rials, 2001, p. 19.) Pero por suerte o por desgracia, la historia parecía repetirse en el futuro rey de Francia, Luis XV. Su gobierno comenzó como el de su bisabuelo, en la miseria. Además, el futuro monarca también vivió su juventud bajo la autoridad de un regente, Felipe de Orleans (1715-1723), quien era conocido por llevar una vida licenciosa. De él se oían todo tipo de rumores, en los que se le acusaba de participar en orgías, incestos y envenenamientos (Pujol, 1999, p. 23). Como escribiría Voltaire (citado por Pujol, 1999, p. 23):

Eran los buenos tiempos de la amable Regencia,
cuando en Francia existía para todo licencia.

Dice Barzun (2002), que

Esta regencia (…) invirtió las políticas y la religiosidad de las que estaban ya hartos la población y la corte. Fue un acto simbólico y compasivo que el primer movimiento del regente fuera poner en libertad a todos los presos de la Bastilla. El nuevo talante no solo sustituía al nuevo, sino que también lo condenaba (…). La crudeza del vicio y su exhibición pública recordaba a los observadores a la época de la Fronda (p. 464).

---

56 Palabras recogidas por Saint-Simon, según Le Roi (1864, p. 202). Véase también Abbott (ed. 2009, pp. 405-406).

Del mismo modo, nos recuerda que "la regencia que siguió a la muerte de Luis XIV se vio ante la bancarrota. El Estado debía aproximadamente dos veces y media la cantidad que obtenía en rentas, que apenas cubría los gastos de gobierno" (p. 481).

Criticado y hostigado por el Parlamento y las multitudes, el regente decide volver a Versalles en 1722 (Château de Versailles, s.f. o). De este modo, unos sesenta años después de que lo hiciera Luis XIV, Luis XV regresa al palacio decidido a remodelar y finalizar la obra maestra de su bisabuelo.

Pero estas nuevas actuaciones, que llevarán al edificio a su segunda edad dorada, se realizan ya en otro estilo: el Luis XV o rococó, propio del *Settecento* (Bembibre, 2005, p. 89). Su *Petit Trianon* (1758-1768), construido unos sesenta años después del *Trianón de Porcelana* (1670) y del *Grand Trianon* (1687) de Luis XIV (Château de Versailles s.f. d, y m), ejemplifica bien sus deseos de emular el *Grand Siècle*.

Pero ya "a comienzos de 1759", "la economía de Francia caía en picada" de nuevo, y Luis XV nombra a Silhouette "Controlador de Finanzas". Sus enérgicos "recortes" en materia económica y sus fuertes ajustes, llegarían a dar lugar a la expresión francesa "*à la silouette*" y a la palabra española "silueta" (Balmaceda, § 61.1-4).

En estas circunstancias, Luis XV culminará sus intervenciones construyendo la *Ópera Real* (1770), un proyecto que su antecesor decidió aplazar a fin de construir la *Capilla* (1710), también sesenta años antes (Château de Versailles s.f. n).

Parece, por tanto, que el reinado de Luis XV tampoco traería un progreso indefinido, pues a su muerte en 1774 (de nuevo sesenta años más tarde que la de su predecesor), el monarca termina imitando a su ancestro, y confiesa: "he gobernado y administrado mal" (citado por Pujol, 1999, p. 94).

Finalmente, la Revolución francesa (que se fragua en Versalles) terminará su primer acto con la irrupción de una muchedumbre enfurecida en el palacio. Es el 6 de octubre de 1789, momento en el que Luis XVI y María Antonieta se ven obligados a abandonar el edificio para siempre (Châteaux de Versailles, s.f. p). Tras la caída del Antiguo Régimen, las colecciones reales de Versalles irán a parar al recién creado Museo Central de Arte (el Museo del Louvre, 1793); y gran parte del mobiliario del palacio será vendido o dispersado (Châteaux de Versailles, s.f. q).

LUIS XIV Y LAS FASES CONSTRUCTIVAS DE VERSALLES

GRÁFICO 24

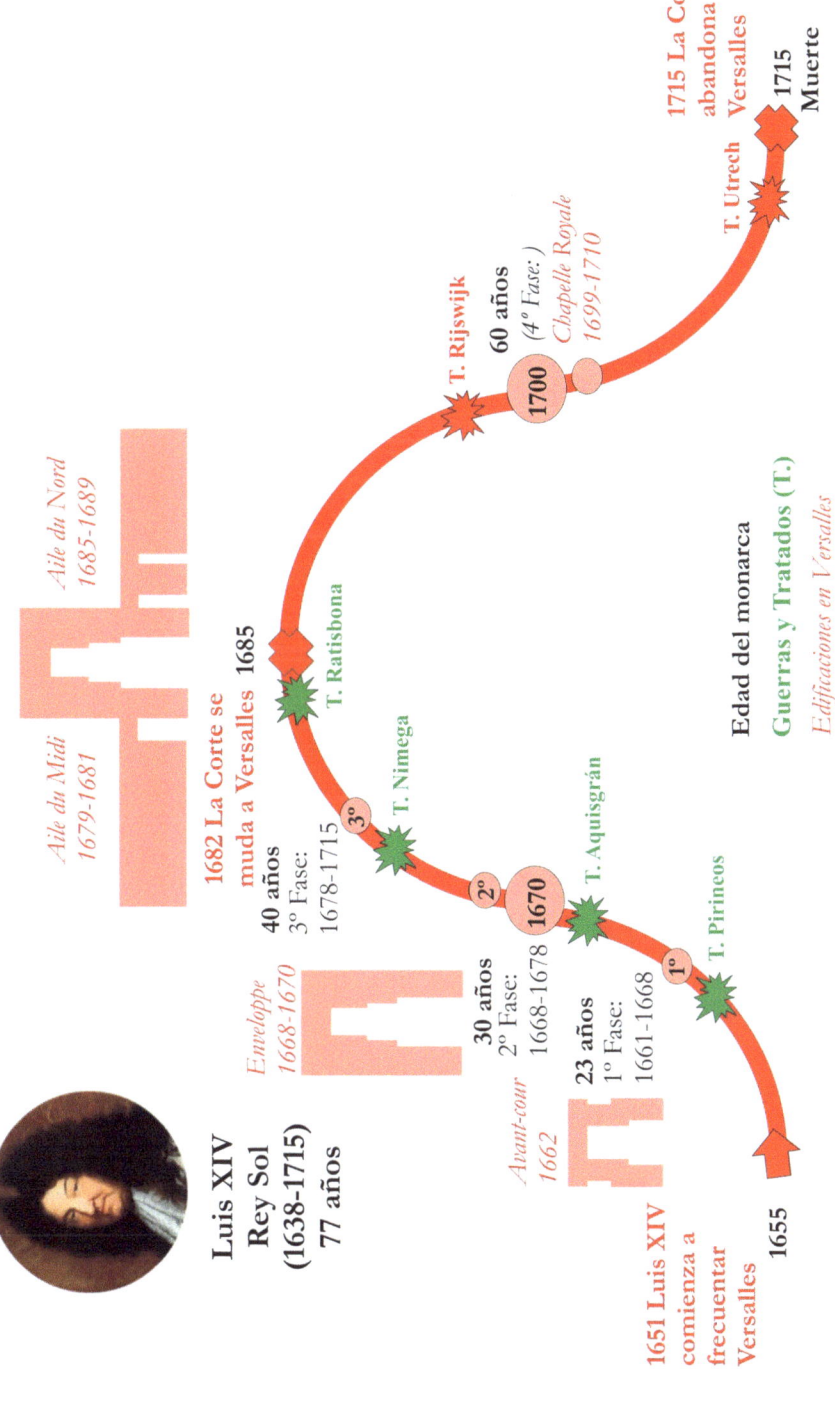

Luis XIV
Rey Sol
(1638-1715)
77 años

Aile du Nord
1685-1689

Aile du Midi
1670-1681

1682 La Corte se
muda a Versalles 1685

40 años
3º Fase:
1678-1715

Enveloppe
1668-1670

30 años
2º Fase:
1668-1678

Avant-cour
1662

23 años
1º Fase:
1661-1668

1651 Luis XIV
comienza a
frecuentar
Versalles

1655

T. Pirineos

1º

T. Aquisgrán

1670

2º

T. Nimega

3º

T. Ratisbona

T. Rijswijk

1700

60 años
(4º Fase:)
Chapelle Royale
1699-1710

T. Utrech

1715 La Corte
abandona
Versalles

1715
Muerte

Edad del monarca
Guerras y Tratados (T.)
Edificaciones en Versalles

JOB FLORES FERNÁNDEZ © 2018

Imágenes incluidas en la gráfica: dominio público (commons.wikimedia.org).

6. CONCLUSIONES

Mediante esta investigación, hemos comprobado que la historia comparada puede ayudarnos a mirar un bien cultural muy conocido y estudiado desde nuevas perspectivas, favoreciendo así su estudio e interpretación:

- Las comparaciones diacrónicas nos han permitido apreciar con claridad, la evolución de los diferentes estilos artísticos, así como sus semejanzas y diferencias.

- Por otro lado, los análisis sincrónicos apuntan a ciertas causas o circunstancias que pudieran haber influido en mayor o menor grado en los acontecimientos relatados. Por supuesto, la simple coincidencia temporal no es de por sí una prueba de causalidad, pero abre la puerta a investigaciones más profundas al respecto, y genera nuevos interrogantes.

Finalmente, pensamos que las gráficas que recogen la evolución del palacio de Versalles, resumen de manera sencilla y clara las etapas históricas que han forjado, y dado su particular carácter, a los diversos elementos que conforman este bien cultural. Nos parece por tanto, que pueden constituir un recurso museográfico de gran utilidad para explicar la influencia del contexto histórico, económico, social y medioambiental, en la evolución artística de este edificio de reconocido valor patrimonial; siendo estas además, producto de un método que puede aplicarse a otros muchos bienes culturales.

Es cierto que la selección de los autores, y la conocida naturaleza pendular del arte, han terminado dando un carácter repetitivo y regular al conjunto de las gráficas. Damos por sabido, que las fechas de los distintos estilos son siempre generales, y pueden variar de un país o región a otro (como también ocurre con los datos económicos, sociales, etc.).
Del mismo modo, entendemos que la excesiva generalización puede dar lugar a resultados simplistas o poco exactos; pero, por otro lado, creemos que estas

propuestas, teorías, o maneras de ver la historia, pueden facilitar la comprensión y la interpretación de los hechos históricos a una gran parte de la ciudadanía.

Pero tal vez, lo más interesante para nosotros, es *la proyección* que esta dinámica estudiada en Versalles tuvo en el futuro inmediato. Y es que la historia comparada permite que los bienes patrimoniales no sean solo pasado, sino una *prolongación del pasado en el presente*. Un pasado que sigue vivo e influyendo en nuestras vidas, justificando así sobradamente la conservación y preservación del patrimonio, testigo mudo de nuestra historia.

Si a nosotros nos sorprendían los paralelismos entre Luis XIV y Luis XV, a Marx (ed. 2003) le parecieron igualmente llamativas las coincidencias que, unos 50-60 años más tarde, ocurrían entre Napoleón I y el I Imperio francés, y Napoleón III y el II Imperio francés (ver gráfico 25, en la página 130):

> Hegel dice en alguna parte que todos los grandes hechos y personajes de la historia universal aparecen, como si dijéramos, dos veces. Pero se olvidó de agregar: una vez como tragedia y la otra como farsa. Caussidière por Dantón, Luis Blanc por Robespierre, la Montaña de 1848 a 1851 por la Montaña de 1793 a 1795, el sobrino por el tío. ¡Y la misma caricatura en las circunstancias que acompañan a la segunda edición del 18 Brumario![57] (p. 10).

El de Napoleón I sería el "segundo proceso agresivo" francés explicado por Deulofeu (gráfico 2, en la página 28), similar al del inicio del barroco ("primer proceso agresivo"), que culminó en el reinado de Luis XIV (citado por Gutiérrez, 2014, p. 52).
Coincide también con el último repunte frío de la "Pequeña Edad de Hielo", el Mínimo de Dalton (1795-1820) (gráficos 3 y 15-16, en las páginas 31 y 58).

---

57 Según las notas 9 y 10 en la misma cita, *la Montaña* hace referencia a grupos revolucionarios de ese nombre, y la "segunda edición del 18 Brumario" (1799), ocurrió con el golpe de Estado del 2 de diciembre de 1851.

Ni siquiera el arte ha permanecido impasible a estos vaivenes, y tras las cimas del estilo *Imperio* (Napoleón I)[58] y del estilo *Napoleón III*[59] (Segundo Imperio, tras la crisis del estilo *Restauración*)[60] (Mesalles, 2010, pp. 22, 24, 27), un nuevo "rococó" o "manierismo" aparecía camuflado de modernismo y vanguardia unos 180 años más tarde: es *"il manierismo modernista"* (Mori, 1994, p. 55) (Comparar el gráfico 26, en la página 131; con el gráfico 4, en la página 35). Sobre esto, Connelly (2017) dice:

> Las características del Manierismo (…) tienen importantes conexiones con el Modernismo. (…) fuertes paralelismos. (…) A comienzos del siglo XX, los críticos de la experimentación de vanguardia esgrimieron corolarios directos contra modernos y manieristas, repitiendo la acusación de que se trataba de un estilo degenerado (§ 1.17).

Y como concluye Yurkiévich (1997), "el modernismo, como antes el rococó, es un nuevo manierismo" (p. 21). Estos estilos, transcurren ya durante la III República[61].

Por otro lado, si Luis XIV provocó "la primera y la segunda guerras mundiales" (Barzun, 2002, p. 463), unos 120 años después estallaban las revoluciones americana

---

58   Por el simbolismo del palacio, Napoleón prefería acomodarse en el *Grand Trianon* (Châteaux de Versailles, s.f. r).

59   "Durante el Segundo Imperio, Napoleón III lleva a cabo un armonioso programa urbanístico y de construcciones monumentales en París, inspirado en las campañas arquitectónicas de Luis XIV, el "Rey Sol" de Francia. (...) copian los modelos del Louvre y Versalles" (Palomero Páramo, 1996, p. 299). Sama (2014), distingue la época de los *revivals* historicistas más puristas (siglo XIX hasta 1840), de la que va entre 1840 y 1920 aproximadamente, donde se dan los *pastiches* o mezclas eclécticas. Pero prefiere incluso llamar "eclecticismo" a las dos etapas (1750-1920; p. 77). Napoleón III usará Versalles de nuevo como ...lugar de celebración y representación del poder. Es por eso que recibe allí suntuosamente a la reina Victoria en 1855 (Châteaux de Versailles, s.f. r).

60   Luis XVIII construye el *Pavillon Dufour* (1814-1821), parejo al *Aile Gabriel* (Châteaux de Versailles, s.f. t). Luis Felipe, hace de Versalles un museo (1837), y crea la famosa *Galerie des Batailles* (Châteaux de Versailles, s.f. r).

61   Esta nace en Versalles (1875), y allí en el palacio, se instala la Sala del Congreso (Châteaux de Versailles, s.f. r).

(1775) y francesa (1789) con sus correspondientes enfrentamientos bélicos[62]. Y otros 120 años más tarde, comenzaban las revoluciones rusa (1917) y alemana (1918), en el contexto de la I y II Guerras Mundiales (Janson y Janson, 1988, p. 452) [63]. Esta secuencia bélica es destacada por autores como Goldstein (1988, pp. 283-285), Wallerstein (1984 a, pp. 41-42); Modelski (1987, p. 102); Barzun (2002, pp. 23-24) y Toynbee (1987 b, p. 272). Hasta Churchill llegó a confesar:

>...siempre odio comparar a Napoleón con Hitler, ya que parece un insulto al gran guerrero y Emperador, el que se le conecte de alguna manera con un jefe escuálido y carnicero. Pero hay un aspecto en el que debo trazar un paralelo (citado por Broad, 1952, p. 490) (Ver gráficos 27 y 28, en las páginas 132-135).

Y Dalí (2003), en tono jocoso, decía de la "Revolución rusa, que no era otra cosa que su propia Revolución francesa retardada por el frío" (p. 253).

Lo cierto es que tampoco es difícil hallar autores que comparen la *Pax Augusta* y/o *Pax Romana* (interrumpida por unos treinta años empezados y acabados en violencia[64]); con la *Pax Britannica* y la *Pax Americana* (interrumpidas por la treintena de años que median entre las dos Guerras Mundiales) (como Parchami, 2009, pp. 24-25; o Takacs y Cline, 2015, p. 186).

Los datos del gráfico 29 (páginas 136-137), que muestran esta secuencia, se obtuvieron de Lovano (2015, pp. 35-36, 292); Martín (2005, pp. 78, 113, 115-116);

---

62 Barzun (2002) reconoce que como en los tiempos de la Fronda, el país estaba de nuevo en quiebra al tiempo de la Revolución francesa, "un circunstancia (...) idéntica" (p. 435).

63 Tras la derrota de Napoleón III, la proclamación del Imperio alemán se hace en Versalles (1871): ...una revancha de Alemania por las humillaciones de Luis XIV y Napoleón I (Châteaux de Versailles, s.f. s). Del mismo modo, el tratado de paz tras la I Guerra Mundial (1919), vuelve a firmarse en Versalles, una revancha ahora contra la derrotada Alemania (Châteaux de Versailles, s.f. r).

64 Tácito (ed. 1990) dice: "pongo mano a una historia pródiga en desgracias, llena de atroces batallas, plagada de discordias a causa de las sediciones, temible incluso en la misma paz. Cuatro príncipes perecieron por la espada, hubo tres guerras civiles, todavía más en el exterior, y la mayoría fueron mezcla de lo uno y de lo otro" (p. 37, n. 9). Los cuatro príncipes son Galba, Otón, Vitelio y Domiciano, por lo que alude a la treintena que va del 69 al 96 d. C.

Spielvogel (2016, p. 150); Petit (1976, p. 158); Roldán Hervás (1974, p. 99); Carbó García, (2010, p. 90) y Scanlon (2015, p. 269).

Son además, ritmos parejos a la duración de las dinastías. En este sentido, Napoleón no parece ya un estratega tan audaz cuando se le compara con Julio César (ver gráfico 28, en la página 134)[65], ni Hitler dejó de ser un tirano como Domiciano[66], ni el káiser Guillermo II parecía más estable mentalmente que Calígula o Nerón[67].

¿Y qué decir de la economía? A inicios del siglo XX, Kondratieff registraba las épocas de alzas y bajas, marcando las crisis de 1814-1848 y 1872-1893... secuencia que sus seguidores han continuado hasta enlazarla con la crisis actual (Goldstein, 1988, p. 67; Korotayev y Tsirel, 2010, p. 2; Longwavegroup, s.f.) (Ver los gráficos 15-16, en la página 58). [Así que no nos extraña que en París haya estallado una nueva "fronda", esta vez, la de los "chalecos amarillos" [68]].

Momentos estos, que parecen arrastrar junto con ellos las antiguas reivindicaciones nacionalistas: los "bonetes rojos" bretones vuelven a manifestarse en Francia (ahora

---

65 ...Francia requería un gobierno fuerte. Cuando yo estaba a la cabeza, puedo decir que Francia se encontraba en la misma situación que Roma cuando fue necesario un dictador para salvar la República (Napoleón, citado por Zarzeczny, 2013, p. 166). Comentando sobre estas palabras, el propio Zarzeczny dice: ...en esta cita, Napoleón se está refiriendo a un dictador romano en particular, Julio César (p. 166). Y añade: ...sabemos que Napoleón leía sobre César (…) y comentaba sobre César (…) y decía tener mucho en común con Julio César (…) Como él, Napoleón esperaba crear su propio imperio mediterráneo como un restaurado Imperio Romano (p. 64). Según el mismo autor, Bonaparte hasta pensaba que ...el registro de su campaña de Egipto era mejor, al menos en un punto, que los comentarios de César, que no tenían fechas (p. 182).

66 ...cuando consideramos la milagrosa supervivencia de Plinio bajo la tiranía de Domiciano en contraste con el destino que sufrieron recientemente numeroso estudiosos y hombres de Estado bajo Hitler, damos nuestro voto por Domiciano (Dunham, 1945, p. 417).

67 El premio Nobel de la Paz L. Quidde, fue acusado de comparar las excentricidades del káiser con las de Calígula en su obra "*Calígula. Un estudio sobre la Locura Imperial Romana*" (1894) (German Historical Institute, s.f.). Véase además, "El general alemán que murió bailando con un tutú rosa ante el emperador Guilermo II" (*Huffpost*, 10 mayo 2014), o "El káiser necesita un psicoanalista" (*El Mundo*, 23 noviembre 2013).

68 [Recogida en titulares como "Estalla la "fronda" de los chalecos amarillos contra Macron" (Quiñonero, 2018).]

por la ecotasa)[69], y en Cataluña se vuelve a proclamar una república entonando "*Els Segadors*" (un himno que hunde sus raíces en los sucesos de 1641)[70].

Mientras tanto, en *Netflix* se estrena la nueva serie *Versailles* (2015, sobre la vida de Luis XIV y la construcción del palacio); y el pintor Antonio López retrata a la familia real española sin quitar ojo a las láminas de un libro de Velázquez[71] (Villar, 2014).

Y es que ni siquiera el actual trance por el que pasa la monarquía borbónica[72], parece una novedad cuando se observa el ritmo que estas coyunturas han seguido en épocas pasadas (gráfico 25, en la página 130).

De hecho, los últimos momentos de exilios y regencias han coincidido con las crisis económicas señaladas por De Miguel (1986) a partir de los ciclos de Kondratieff: 1875-1894 y 1931-1951 (pp. 31-33, 43)[73].

_____

69 Con titulares como "Los irreductibles galos luchan contra la Ecotasa" (*Transporte Mundial*, 13 de noviembre de 2013), donde se alude a la resistencia de los "bretones" Astérix y Obélix a la administración romana; o "La revuelta de los "bonetes rojos" de Bretaña amenaza la política de Hollande" (*El Confidencial*, 10 de noviembre de 2013).

70 En Cataluña se ha proclamado en cuatro momentos la república: en 2017; en 1934 y 1931; en 1873; y en 1641 (Esteban González, 2015; y Méndez, 2017). Del mismo modo, los sucesos de la *Diada*, rememoran acontecimientos de la crisis de 1714. P. H. Wilson dice al respecto: "No se puede negar cierta continuidad entre ese pasado y la actualidad. Cataluña es hoy una sociedad tan dividida como lo era en 1640, en medio de la Guerra de los 30 años, con gente a favor de una independencia y otra parte en contra" (citado por Cervera, 2018). En el gráfico 30 (página 138, [revisado]) pueden observarse todos estos momentos, que ocurren en intervalos muy parecidos. El historiador británico A. Tooze, experto en el estudio de la actual crisis financiera, dice sobre el problema catalán que "convivir es más fácil si la economía va bien" (citado por Benítez, 2018).

71 "Siempre con Velázquez de la mano. Es conocida la devoción de Antonio López por la obra de Velázquez. Durante sus últimos meses de trabajo, se acompañó de una monografía sobre el sevillano que estaba siempre colocada sobre una silla a modo de atril. También dispuso un espejo colgado frente al retrato, en un innegable juego visual que recuerda a Las meninas" (Villar, 2014).

72 "El Rey abdica en el peor momento de popularidad de la Monarquía desde la Transición, según las encuestas del Centro de Investigaciones Sociológicas (CIS) y otros sondeos" (Garea, 2014).

73 El último momento coincide con la II República (1931-1939) y el inicio de la dictadura; el

En consecuencia, mientras que nuestro presente no sea más que una proyección modificada de nuestro pasado, recordar Versalles y los siglos del barroco siempre será oportuno. Lo decía Warhol: "¿No es la vida sólo una serie de imágenes que cambian a medida que se repiten?" (Citado por De Prado, 2017).

A este respecto, Marx afirma que "los hombres hacen su propia historia, pero no la hacen a su libre arbitrio, bajo circunstancias elegidas por ellos mismos, sino bajo aquellas circunstancias con que se encuentran directamente, que existen y les han sido legadas por el pasado" (ed. 2003, p. 10).

Del mismo modo, Ortega y Gasset pensaba que "el pasado es por esencia *revenant*. Si se le echa vuelve, vuelve irremediablemente. Por eso su única auténtica superación es no echarlo. Contar con él. Comportarse en vista de él, para sortearlo, para evitarlo" (citado por Otero Novas, 2007, p. 48).

Y Santayana termina advirtiendo, que ... aquellos que no aprenden de la historia están condenados a repetirla (citado por Streza, 2011, p. 35).

Es por ello, que la conservación y la protección del patrimonio cultural, unida a la difusión de la historia que atestigua, se nos presenta hoy como una herramienta fundamental para la educación de la ciudadanía: un medio que utiliza el pasado para explicar el presente y proyectar un mejor futuro.

Con ese propósito, el palacio de Versalles fue convertido en un museo, y dedicado "a todas las glorias de Francia" por el último rey, Luis Felipe, en 1837[74]. El día de su inauguración, el monarca le pidió a Víctor-Hugo que expresara su opinión al respecto, y el novelista le respondió que ...el siglo de Luis XIV había escrito un bello libro, y que el rey le había dado una magnífica encuadernación (Châteaux de Versailles, s.f. r)[75].

---

primero (unos sesenta años antes) con la I República (1873-1874) y la regencia de María Cristina de Habsburgo (1885-1902); y otros sesenta años antes ya había ocurrido también la regencia de María Cristina de Borbón (1833-1840), durante otro proceso restaurador.

74 Hoy cuenta además, con las páginas web *www.chateauversailles.fr* y *www.versailles3d.com*, que incluyen actividades interactivas e información sobre una multiud de eventos.

75 El escritor también reconocía que "la arquitectura es el gran libro de la humanidad" (citado por Pérez Soler, 2012, p. 7).

...La repetición y la regularidad constituyen el fondo de las cosas bellas. Es una ley. (…) ¿Quién puede creer en el progreso? El tiempo, como la tierra, sube y baja, su elipse arrastra en el curso de un siglo al siglo precedente, para bien y para mal, tanto el día como la noche. Hace mucho que seríamos dioses si la teoría del progreso indefinido fuera cierta (…). Aprecio el esfuerzo del hombre, que se supera continuamente mediante repeticiones regulares. Este movimiento repetido, es el orden de una batalla, y eso son las columnas de la catedral que multiplican su gracia siguiéndose, uniéndose.

Rodin (ed. 1921, pp. 195-196).

BIBLIOGRAFÍA

Abbott, J. S. C. (Ed. 2009). *History of Louis XIV: Makers of History*. Nueva York: Cosimo (Obra publicada en 1870).

André, C. y Lelord, F. (2000) *La Autoestima: gustarse a sí mismo para mejor vivir con los demás*, (M. Serrat Crespo, trad.). Barcelona: Kairós.

Aprile, S. y Bensimon, F. (dirs.) (2006). *La France et l'Angleterre au XIXe siècle: échanges, représentations, comparaisons.* París: Créaphis.

Aranda Pérez, F. J. (Coord.) (2004). *La declinación de la monarquía hispánica en el siglo XVII.* Cuenca: UCLM.

Argan, G. C. (1996). *Renacimiento y Barroco* (vol. 1, De Giotto a Leonardo da Vinci, 2º ed., J. A. Calatrava, trad.). Madrid: Akal.

Aullón de Haro, P. (2013). *Barroco.* Madrid: Verbum.

Ayers, A. (2004). *The Architecture of Paris: An architectural guide.*Stuttgart: Axel Menges.

Ayuso, M. (2016, mayo 8). El misterio de "El hombre de la máscara de hierro", por fin resuelto. El Confidencial. Recuperado de https://www.elconfidencial.com/alma-corazonvida/20160508/hombremascara-hierro-eustache-dauger-paul-sonnino_1195523/

Balmaceda, D. (2011). *Historia de las Palabras.* Buenos Aires:Editorial Sudamericana.

Barzun, J. (2002). *Del amanecer a la decadencia: 500 años de vida cultural en Occidente (de 1500 a nuestros días)* (J. Cuéllar y E. Rodríguez Halffter, trad.; 4º ed.). Madrid: Taurus.

Bas, E. (1999). *Prospectiva. Cómo usar el pensamiento sobre el futuro.* Barcelona: Ariel.

Battisti, E. (1993). *En lugares de vanguardia antigua. De Brunelleschi a Tiepolo.* (Juan A. Calatrava, trad.). Madrid: Akal. (Obra publicada originalmente en 1981).

Baumol, W. J. y Blinder, A. S. (2011). *Microeconomics.* Boston: Cengage Learning.

Bembibre, C. (2005). *Del barroco al rococó: indumentaria, encajes, bordados* (Buenos Aires: Nobuko.

Benítez, J. (2018, octubre 11). El gurú de la crisis, sobre Cataluña: "Convivir es más fácil si la economía va bien". *El Mundo.* Recuperado de https://www.elmundo.es/papel/historias/2018/10/11/5bbe3d0122601dcf128b466e.html

Benlliure Andrieux, F. (2006). *Los hugonotes: un camino de sangre y lágrimas.* Viladecavalls: Clie.

BNE. Biblioteca Nacional de España (s. f.) Recuperado 30 abril 2018 de http://www.bne.es/es/MuseoBibliotecaNacional/ConoceMuseo/

Biografias y Vidas (s.f.). Luis XIV, Recupèrado el 1 de septiembre de 2016, http://www.biografiasyvidas.com/monografia/luis_xiv/

Bilsel, C. (2012). *Antiquity on Display: Regimes of the Authentic in Berlin's Pergamon Museum.* Oxford: Universidad.

Black, J. (2003). *Atlas ilustrado: La guerra. Del Renacimiento a la Revolución 1492-1792.* (Bernardo J. García García, trad.). Madrid: Akal.

Brackney, W. H. (2012). *Historical Dictionary of Radical Christianity.* Lanham: Scarecrow Press.

Braudel, F. (1987). *El Mediterráneo y el mundo mediterráneo en la época de Felipe II*. (Vol. 1., 2º ed.) (Mario Monforte Toledo, Wenceslao Roces y Vicente simon, trad.). México: Fondo de Cultura Económica. (Obra original publicada en 1949).

Broad, L. (1952). *Winston Churchill, 1874-1951.* Nueva York: Philosophical Library.

Budge, E. A.W. (2003). *First Steps In Egyptian: A Book for Beginners.* Mineola: Dover.

Caballero Escorcia, B. A. (2015). La historia comparada. Un método para hacer Historia. *Sociedad y Discurso* (28), 50-69.

Campbell, B. M. S. (2016). *The Great Transition: Climate, Disease and Society in the Late Medieval World*. Cambridge: Universidad.

Cantera Montenegro, J. (1999). *El Clasicismo francés*. Madrid: Historia Viva.

Carbó García, J. R. (2010). *Los cultos orientales en la dacia romana: formas de difusión, integración y control social e ideológico*. Salamanca: Universidad.

Castex, J. (2007). *Renacimiento, Barroco y Clasicismo. Historia de la Arquitectura, 1420-1720*. (J. A. Calatrava, trad.). Madrid: Akal. (Obra original publicada en 1990).

Centre des Monuments Nationaux (s.f.). Domaine du Palais Royal. Recuperado 8 de agosto de 2018 de http://www.domaine-palais-royal.fr/

Cervera, C. (2018, 7 septiembre). Peter H. Wilson: «Cataluña es hoy una sociedad tan dividida como en la Guerra de los 30 años». *ABC*. Recuperado de https://www.abc.es/historia/abci-peter-wilson-cataluna-sociedad-dividida-como-guerra-30-anos-201809070117_noticia.html

Charvet, L. (1899). *Lyon artistique. Architectes: notices biographiques et bibliographiques avec une table des édifices et la liste chronologique des noms.* Lyon: Bernoux et Cumin.

Chastel, A. (1988). *El arte italiano*. (J. A. Calatrava Escobar, trad.). Madrid: Akal. (Obra original publicada en 1982).

Château de Versailles (s.f. a). Louis XIII et les origines de Versailles. Recuperado 8 de agosto de 2018, de http://www.chateauversailles.fr/decouvrir/histoire#louis-xiii-et-les-origines-de-versailles1607---1643

Château de Versailles (s.f. b). Le règne de Louis XIV. Recuperado 8 de agosto de 2018, de http://www.chateauversailles.fr/decouvrir/histoire#le-regne-de-louis%C2%A0xiv1643---1715

Château de Versailles (s.f. c). Versailles "capitale" du royaume. Recuperado 8 de agosto de 2018, de http://www.chateauversailles.fr/decouvrir/histoire/versailles-capitale-royaume

Château de Versailles (s.f. d). Le Grand Trianon. Recuperado 8 de agosto de 2018, de http://www.chateauversailles.fr/decouvrir/domaine/trianon/grand-trianon

Château de Versailles (s.f. e). Le Salon d'Hercule. Recuperado 8 de agosto de 2018, de http://www.chateauversailles.fr/decouvrir/domaine/chateau/grand-appartement-roi#le-salon-dhercule

Château de Versailles (s.f. f). Le Bassin de Neptune. Recuperado 8 de agosto de 2018, de http://www.chateauversailles.fr/decouvrir/domaine/jardins/bassins-fontaines#le-bassin-de-neptune

Château de Versailles (s.f. g). Le règne de Louis XV. Recuperado 8 de agosto de 2018, de http://www.chateauversailles.fr/decouvrir/histoire#le-regne-de-louis%C2%A0xiv1643---1715

Château de Versailles (s.f. h). L'Appartement Intérieur du Roi. Recuperado 8 de agosto de 2018, de http://www.chateauversailles.fr/decouvrir/domaine/chateau/appartement-interieur-roi#la-chambre-de-louis-xv

Château de Versailles (s.f. i). Les Cabinets Intérieurs de Marie-Antoniette. Recuperado 8 de agosto de 2018, de http://www.chateauversailles.fr/decouvrir/domaine/chateau/cabinets-interieurs-marie-antoinette

Château de Versailles (s.f. j). Les Appartements du Dauphin et de la Dauphine. Recuperado 8 de agosto de 2018, de http://www.chateauversailles.fr/decouvrir/domaine/chateau/appartements-dauphin-dauphine

Château de Versailles (s.f. k). Les Appartements des Filles de Louis XV. Recuperado 8 de agosto de 2018, de http://www.chateauversailles.fr/decouvrir/domaine/chateau/appartements-filles-louis-xv

Château de Versailles (s.f. l). Les Appartements des Favorites. Recuperado 8 de agosto de 2018, de http://www.chateauversailles.fr/decouvrir/domaine/chateau/appartements-favorites#l%E2%80%99appartement-de-la-marquise-de-pompadour

Château de Versailles (s.f. m). Le Petit Trianon. Recuperado 8 de agosto de 2018, de http://www.chateauversailles.fr/decouvrir/domaine/domaine-trianon/petit-trianon

Château de Versailles (s.f. n). L'Opéra Royal. Recuperado 8 de agosto de 2018, de http://www.chateauversailles.fr/decouvrir/domaine/chateau/opera-royal#souhaite-par-louis-xiv,-realise-sous-louis-xv

Château de Versailles (s.f. ñ). Le règne de Louis XVI. Recuperado 8 de agosto de 2018, de http://www.chateauversailles.fr/decouvrir/histoire#le-regne-de-louis%C2%A0xvi1774---1793

Château de Versailles (s.f. o). Retour de la Cour à Versailles. Recuperado el 17 de febrero de 2017,   http://www.chateauversailles.fr/decouvrir/histoire/retour-cour-versailles

Château de Versailles (s.f. p). Le Grand Départ du Roi. Recuperado 13 septiembre 2018, de http://www.chateauversailles.fr/decouvrir/histoire/grandes-dates/grand-depart-roi

Château de Versailles (s.f. q). Versailles et la révolution 1789 – 1803. Recuperado 13 septiembre 2018, de http://www.chateauversailles.fr/decouvrir/histoire#le-regne-de-louis%C2%A0xvi1774---1793

Château de Versailles (s.f. r). Le xixe siècle. Recuperado 13 septiembre 2018, de http://www.chateauversailles.fr/decouvrir/histoire#leregnedelouis%C2%A0xvi1774---1793

Château de Versailles (s.f. s). Proclamation de l'Empire allemand. Recuperado 13 septiembre 2018, de http://www.chateauversailles.fr/decouvrir/histoire/grandes-dates/proclamation-empire-allemand

Château de Versailles (s.f. t). Alexandre Dufour. Recuperado 13 septiembre 2018, de http://www.chateauversailles.fr/decouvrir/histoire/grandspersonnages/alexandre-dufour

Citron, S. (1992). *L'histoire de France, autrement*. Paris: L'Atelier.

Claramunt, S., Portela, E., González, M. y Mitre, E. (2014). *Historia de la Edad Media*. Barcelona: Ariel.

Cohen, J. (2012, enero 31). Little Ice Age, big consequences. *History.* Recuperado de http://www.history.com/news/little-ice-age-bigconsequences

Collignon, M. y Potremoli, E. (1900). *Pergame: restauration et description des monuments de l'Acropole.* París: L. H. May, p. 229.

Comellas, J. L. (2011). *Historia de los cambios climáticos.* Madrid: Rialp.

Connelly, F. S. (Ed.)(2017). *Grotesco y arte moderno* (Amaya Bozal, trad.). Madrid: La balsa de la Medusa.

Corfield, R. (2009). *La vida de los planetas: Una historia natural del sistema solar.* Barcelona: Paidós.

Cousinié, N. (2013, 18 noviembre). Clochers arasés pour humilier les Bonnets rouges. *Ouest France.* Recuperado de https://www.ouest-france.fr/bretagne/penmarch-29760/clochers-arases-pour-humilier-les-bonnets-rouges-1720341

Cronin, T. M. (2010). *Paleoclimates: Understanding Climate Change Past and Present.* Nueva York: Columbia University.

Cuenca López, J. M. y Martín Cáceres, M. J. (2014). *Manual para el desarrollo de proyectos educativos de museos.* Gijón: Trea.

Dalí, S. (Mª J. Vera, ed.) (2003) *¿Por qué se ataca a la Gioconda?* (2º ed., E. Simons, trad.). Madrid: Siruela.

Davesne, A. (2000). L'impact des guerres de Syrie sur la politique monétaire de Ptolémée II. *Revue numismatique* 6 (155), 9-16.

Delgado de Cantú, G. M. (2005) *El mundo moderno y contemporáneo* (vol. 1, De la era moderna al siglo imperialista, 5º ed.). México: Pearson.

Delgado Linacero, L. (2002). El grandioso altar de Pérgamo: Emblemática obra del mundo helenístico. *Cuadernos de Filología Clásica: Estudios griegos e indoeuropeos* 12, 329-344.

De Miguel, A. (1986). *España cíclica. Ciclos económicos y generaciones demográficas en la sociedad española contemporánea*. Madrid: Fundación Banco Exterior.

De Prado, C. (2017, 22 de febrero). 40 frases de Warhol que solo podría haber dicho Warhol. *Vanity Fair*. Recuperado de https://www.revistavanityfair.es/actualidad/articulos/40-frases-de-andy-warhol-que-solo-podria-haber-dicho-warhol/23560

Delmas, J. C. (2012). *Dico Atlas des Guerres. 40 conflits de l'Antiquité à nos jours*. París: Belin.

Deulofeu, A. (1973). *La paz mundial por la matemática de la historia*. Barcelona: Pòrtic.

Díez Medina, C. y Sánchez Lampreave, R. (Coords.) (2014). *Memoria de composición arquitectónica 2011.13*. Zaragoza: Universidad.

Drew, D. (2002). *Las crónicas perdidas de los reyes mayas*. México: Siglo XXI.

Dunham, F. S. (1945, abril). The Younger Pliny. Gentleman and Citizen. *The Classical Journal 40* (7): 417-426. Recuperado de www.jstor.org

Easterbrook, D. (ed.) (2011). *Evidence-Based Climate Science: Data Opposing CO2 Emissions as the Primary Source of Global Warming*. Oxford: Elsevier.

Easterbrook, D. (ed.) (2016). *Evidence-Based Climate Science: Data Opposing CO2 Emissions as the Primary Source of Global Warming* (2º ed.). Oxford: Elsevier.

EduCaixa (s.f.). Mecanismo de Herón. Recuperado 15 octubre 2018, de https://www.educaixa.com/-/mecanismo-de-heron

Esteban González, R. (2015, 23 de septiembre). Cataluña, cuatro intentos de independencia fallidos. *La Razón*. Recuperado de http://www.larazon.es/elecciones-catalanas/cataluna-cuatro-intentos-de-independencia-fallidos-HP10793756

Fernández, L. (2016, abril 13). Pérgamo, la ciudad helenística que quiso competir con Atenas. *National Geographic.* Recuperado de https://www.nationalgeographic.com.es/historia/grandes-reportajes/pergamo-la-ciudad-helenistica-que-quiso-competir-con-atenas_10262

Ferrer, A. (2012, agosto 3) Nature. En 2020 habrá guerra. Lo dice la ciencia. *Quo*. Recuperado de http://www.quo.es/ser-humano/en-2020-habra-guerra

Frank, A. G. y Gills, B. K. (eds.)(1996) *The World System: Five Hundred Years Or Five Thousand?* Londres: Routledge.

Fremont-Barnes, G. (2007). *Encyclopedia of the Age of Political Revolutions and New Ideologies, 1760-1815* (vol. 1: A-L). Westport (EE. UU.): Greenwood.

Gáldy, A. M. (2016). *The Art, History and Architecture of Florentine Churches*. Newcastle upon Tyne: Cambridge Scholars.

Garea, F. (2014, junio 2). La monarquía, en el peor momento de popularidad. *El País*. Recuperado de https://elpais.com/politica/2014/06/02/actualidad/1401704469_632570.html

German Historical Institute (s.f.). Caligula: A Study in Roman Imperial Insanity by Ludwig Quidde (1894). Recuperado 10 septiembre 2018, de http://germanhistorydocs.ghidc.org/pdf/eng/506_Caligula_Ludwig%20Quidde%20(Eng)_87.pdf

Goldstein, J. (1988). *Long Cycles: Prosperity and War in the Modern Age.* New Haven: Yale University Press.

Gómez Espelosín, F. J. (2001). *Historia de Grecia Antigua.* Madrid: Akal.

Gómez Sánchez, Y. y Alvarado Planas, J. (2005). *Enseñar la idea de Europa.* Madrid: Ramón Areces.

González, J. A. (2016, abril 5). El MET dedica una exposición a Pérgamo, la ciudad que consiguió ser tan bella como Atenas. *20 minutos*. Recuperado de https://www.20minutos.es/noticia/2706705/0/museo-met-nueva-york/exposicion/pergamo/

González Galván, M. (2006). *Trazo, proporción y símbolo en el arte virreinal. Antología personal* (Martha Fernández, ed.). México: UNAM.

González Kreysa, A. M. (2004). *Historia General Del Arte* (vol. 1). San José: EUNED.

Gribbin, J. (ed.) (1978). *Climatic Change.* Cambridge: Universidad.

Grimal, P. (Coord.) (2002). *Historia Universal Siglo Veintiuno* (vol. 7, La formación del imperio romano: el mundo mediterráneo en la edad antigua III, 10º ed.). Buenos Aires: Siglo XXI.

Gutiérrez, J. (2014). *La Matemática de la historia. Alexandre Deulofeu o el pensador global* (2º ed.). Blanes: Lapislàtzuli.

Gutiérrez Elorza, M. y Sesé Martínez, V. H. (1999). Cálculo de retrocesos de escarpes en la cuenca de Almazán y significación climática de la evolución de laderas (depresión oriental del Duero). *Boletín Geológico y Minero* 110 (5), 29-38.

Hanser, D. A. (2006). *Architecture of France*. Londres: Greenwood.

Harding, A. F. (2000). *European societies in the Bronze Age*. Cambridge: Universidad.

Hartt, F. (1989). *Arte: Historia de la pintura, escultura y arquitectura* (M. V. Frígola, R. Lajo, J. L. Checa y J. l. Sánchez, trad.). Madrid: Akal.

Hatje, U. (dir.) (2005). *Historia de los estilos artísticos* (vol.1, trad. M. A. San Martín). Madrid: Istmo.

Hewson, W. (1870) *The Hebrew and Greek Scriptures*. Londres: Simpkin.

Hidalgo de la Vega, M. J., Sayas Abengochea, J. J. y Roldán Hervás, J. M. (1998). *Historia de la Grecia Antigua*. Salamanca: Universidad.

Histoire du mobilier (s.f.). Chronologie des styles du mobilier français. Recuperado 1 agosto 2018, de https://histoiredumobilier.com/chronologie-des-styles-du-mobilier-francais/

Hopkins, T. K., Wallerstein, I., Bach, R. L., Chase-Dunn, C., y Ramkrishna, M. (1982). *World-Systems Analisis. Theory and Methodology*. Londres: Sage.

Howe, J. A., Austin W. E. N., Forwick, M. y Paetzel, M. (eds.) (2010). *Fjord Systems and Archives*. Londres: Geological Society.

Hughes, M. K. y Díaz, H. F. (eds.) (1994). *The Medieval Warm Period*. Dordrecht: Kluwer Academic Publishers.

Janson H.W. y Janson, A. F. (1988). *Historia del arte para jóvenes*. (R. Lassaletta y F. de Benito, trad.) Madrid: Akal.

Jones, C. (1994). *The Cambridge Illustrated History: France*. Cambridge: Universidad.

Jones, R. J. B. (ed.) (2001). *Routledge Encyclopedia of International Political Economy* (vols. 1-2). Londres: Routdledge,

Kennedy, P. (1988) *The Rise and Fall of the Greats Powers. Economic Change and Military Conflict from 1500 to 2000*. Londres: Unwin Hyman.

Korotayev, A. V. y Tsirel, S. V. (2010). A Spectral Analysis of World GDP Dynamics: Kondratieff Waves, Kuznets Swings, Juglar and Kitchin Cycles in Global Economic Development, and the 2008–2009 Economic Crisis. *Structure and Dynamics* 4 (1): 1-56. Recuperado de http://escholarship.org/uc/item/9jv108xp

Lacueva, F. (2001). *Diccionario teológico ilustrado*. Viladecavalls: Clie.

Lai, C. C. (2004). *Braudel's Historiography Reconsidered*. Dallas: University Press of America.

Lang, K. R. (2006). *A Companion to Astronomy and Astrophysics: Chronology and Glossary with Data Tables*. Nueva York: Springer.

Le Bohec, Y. (2013). *Breve Historia de la Roma antigua*. Madrid: Rialp.

Le Roi, J. A. (1864). *Curiosités historiques sur Louis XIII, Louis XIV, Louis XV, Mme. De Maintenon, Mme. De Pompadour, Mme. Du Barry, etc.* París: Henri Plon.

Lifecourse (s.f. a). Turnings: Introduction. Recuperado 23 de julio de 2018, de https://www.lifecourse.com/about/method/turnings-introduction.html

Lifecourse (s.f. b.). The Four Turnings. Recuperado 23 de julio de 2018, de https://www.lifecourse.com/about/method/the-four-turnings.html

Longwavegroup (s.f.). The Longwave Principle. Recuperado 7 septiembre 2018, de http://www.longwavegroup.com/principle/longwave_principle/longwave_pri nciple.php

López Calleja, G. (2012). *Bretaña.* Sant Esteve Sesrovires: Ecos.

Louvre (s.f.). Histoire du Louvre. Introduction. Recuperado 23 de julio de 2018, de https://www.louvre.fr/histoire-du-louvre

Lovano, M. (2015). *All Things Julius Caesar: An Encyclopedia of Caesar's World and Legacy* (vol. 1). Santa Barbara: Greenwood.

Maier, C. S. (1992). La Historia Comparada (T. Pérez Delgado, trad.). *Studia Histórica- Historia contemporánea* (10-11), 11-32.

María Méndez, M. (2017, 27 de octubre). El Parlament declara la independencia de Cataluña de forma unilateral e inicia el camino hacia la república. RTVE. Recuperado de http://www.rtve.es/noticias/20171027/parlament-declara-independencia cataluna/1630750.shtml

Martín, F. (2005). *Historia Antigua.* Barcelona: Universidad.

Martín Cáceres, M. J. (2012). *La educación y la comunicación patrimonial: una mirada desde el   Museo de Huelva.* Huelva: Universidad.

Marx, C. (2003). *El 18 Brumario de Luis Bonaparte*. Madrid: Fundación Federico Engels. (Obra original publicada en 1852).

Mesalles de Zunzunegui, Jaime (2010). *Restauración básica de muebles y pintura decorativa* (3º ed.) Madrid: Visión Libros.

Meseguer, L. y Villanueva, Mª. L. (eds.)(1998). *Intertextualitat i recepció*. Castellón de la Plana: Universitat Jaume I.

Mínguez, V. y Rodríguez, I. (2006). *Las ciudades del absolutismo: arte, urbanismo y magnificencia en Europa y América durante los siglos XV-XVIII*. Castellón de la Plana: Universidad Jaume I.

Mitjans, E. y Castellà, J. A. (Coords.) (2001). *Canadá: introducción al sistema político y jurídico*. Barcelona: Universitat.

Modelski, G. (1987). *Long Cycles in World Politics*. Londres: MacMillan.

Modelski, G. y Thompson, W. R. (1996). *Leading Sectors and World Powers: The Coevolution of Global Politics and Economics.* Columbia: University of South Carolina.

Molas, P., Bada, J., Escartín, E., Sánchez Marcos, F., Gual. V. y Martínez, M. A. (2008). *Manual de historia moderna* (3º ed.). Barcelona: Ariel.

Mori, G. (1994). *Tamara de Lempicka. Parigi 1920-1938*. Florencia: Giunti.

Musée National de Port-Royal des Champs (s.f. a). Port-Royal des Champs (1204-1713). Le Jansénisme en France au XVIIe siècle. Recuperado el 12 de abril de 2017, de https://www.port-royal-des-champs.eu/histoire/le-jansenisme-au-17e.html

Musée National de Port-Royal des Champs (s.f. b). Repères chronologiques. Recuperado el 12 de abril de 2017, de https://www.port-royal-des-champs.eu/histoire/reperes-chronologiques.html

Musei Vaticani (s.f.) Nilo. Recuperado 15 de mayo de 2017, de
http://www.museivaticani.va/content/museivaticani/es/collezioni/musei/braccio-nuovo/Nilo.html

Nascimento Rodrigues, J. y Devezas, T. (2009) *Pioneers of Globalization: Why the Portuguese Surprised the World* (2º ed.) V. N. Famalicao: Centro Atlantico.

New World Encyclopedia (s.f.). Palace of Versailles. Recuperado el 1 de septiembre de 2009, de http//www.newworldencyclopedia.org/entry/Palace_of_Versailles

Nocete, F., y Nocete, F. J. (2015). *Mil Años de historia escrita en cobre y oro: 3200-2200 A.N.E./B.C.E.* Huelva: Fundación Atlantic Copper.

Nolan, C. J. (2008). *Wars of the Age of Louis XIV, 1650-1715: An Encyclopedia of Global Warfare and Civilization.* Londres: Greenwood.

Ocampo, E. (1992). *Diccionario de términos artísticos y arqueológicos.* Barcelona: Icaria.

Olábarri Gortázar, I. (1992). Qué historia comparada. *Studia Histórica-Historia contemporánea* (10-11), 33-75.

Otero Novas, J. M. (2007). *El retorno de los césares. Tendencias de un futuro próximo e inquietante.* Madrid: Libros Libres.

Pacheco, A. (2003). *La música para el auto sacramental de Calderón de la Barca. Primero y Segundo Isaac.* Pamplona: Universidad de Navarra.

Palmer, A. L. (2008). *Historical Dictionary of Architecture.* Lanham: Scarecrow Press.

Palomero Páramo, J. (1996). *Historia del Arte. Sevilla*: Algaida.

Parchami, A. (2009). *Hegemonic Peace and Empire: The Pax Romana, Britannica and Americana* Abingdon: Routledge.

Parel, A. J. y Keith, R. C. (2003). *Comparative political philosophy: Studies uper the Upas Tree.* Nueva York: Lexington Books.

[Quiñonero, J. P. (2018, 15 de noviembre). Estalla la "fronda" de los chalecos amarillos contra Macron. *ABC*. Recuperado de https://www.abc.es/internacional/abci-estalla-fronda-chalecos-amarillos-contramacron201811151356_noticia.html]

Pérez Berná, J. (2007). *La Capilla de Música de la Catedral de Orihuela: las composiciones en romance de Mathias Navarro (ca.1666-1727).* (Tesis doctoral) Universidad de Santiago de Compostela.

Pérez Soler, E. (Coord.) (2012). *Joyas de la Humanidad* (vol. 1, *El desafío a los límites*). Barcelona: Planeta.

Petit, P. (1976). *Pax Romana* (J. Willis, trad.). Berkeley: California University.

Picón Salas, M. (2007). *Las formas y las visiones: ensayos sobre arte*. Caracas: Universidad Católica Andrés Bello.

Pole, K. (2009, agosto). Diseño de metodologías mixtas. Una revisión de las estrategias para combinar metodologías cuantitativas y cualitativas. *Renglones* (60), 37-42.

Pollitt, J. J. (1986). *Art in the Hellenistic Age*. Cambridge: Universidad.

Poussou, J. P. (dir.) (2000). *L'économie française du XVIIIe au XXe siècle: perspectives nationales et internationales: mélanges offerts à François Crouzet.* Paris: Presses de L'Université Paris-Sorbonne.

Price, G. (Ed.)(1992). *The Celtic Connection*. Gerrard Cross: Colin Smythe.

Pujol, C. (1999). *Voltaire*. Madrid: Ediciones Palabra.

Quiroga, E. (2007, julio 24). Paradigmas a considerar en la investigación científica. Recuperado de https://es.slideshare.net/EstebanQuiroga/los-tres-paradigmas-en-investigacin

Ramos, A. y Mascaró Florit, J. (Dirs.) (1993). *Sociedad 7*. Madrid: Santillana.

Raynaud, P. y Rials, S. (Eds.) (2001). *Diccionario Akal de Filosofía Política* (M. Peñalver y M.P. Sarazin, trad.). Madrid: Akal.

RMC (s.f.). Versailles, construction d'un rêve impossible. Recuperado 15 agosto 2018, de https://www.youtube.com/watch?v=XJsoYMQ0lGY

Rodin, Auguste (1921). *Les Cathédrales de France*. París: Armand Colin. (Trabajo original publicado en 1914).

Rodríguez Camarero, L. y González Fernández, M. (coords.) (2002). *O legado das luces*. Santiago   de Compostela: Universidad.

Roldán Hervás, J. M. (1974). *Hispania y el ejército romano: Contribución a la historia social de la España antigua*. Salamanca: Universidad.

Rosas, P. (2015, noviembre 5). Luis XIV muere de nuevo en Versalles. *El Confidencial* . Recuperado de https://www.elconfidencial.com/cultura/2015-11-05/luis-xiv-versalles-francia-arte-exposicion_1083681/

Sabatier, G. (1999). *Versailles ou la figure du roi*. París: Albin Michel.

Sama, A. (2014). *El Manifiesto del Girasol. Una obra maestra de Gaudí: «El Capricho» de Comillas*. Santander: Universidad de Cantabria.

Sáenz, E. (2016, marzo 9). Consejos para políticos y para no políticos. *Confidencial.* Recuperado de https://confidencial.com.ni/consejos-politicos-no-politicos/

Sánchez Cerezo, S. (Dir.) (1996). *Atlas histórico universal*. Madrid: Santillana.

Scafetta, N. (2010). Empirical evidence for a celestial origin of the climate oscillations and its implications. *Journal of Atmospheric and Solar-Terrestrial Physics 72* (13), 951-970   https://doi.org/10.1016/j.jastp.2010.04.015

Scanlon, T. F. (2015) *Greek Historiography*. Oxford: Wiley Blackwell.

Schlesinger, A. M. jr. (1999). *The Cycles of American History*. Boston: Houghton Mifflin.

Serrano de Haro, A. (1995). España y la Paz de Ryswick. De la Paz de Nimega (1678) a la de Ryswick (1697).En J. Lechner y H. den Boer (eds.), *España y Holanda. Ponencias leídas durante el Quinto Coloquio Hispanoholandés de Historiadores* (p.119-138). Ámsterdam: Rodopi.

Sewell, R. y Balkrishna Dikshit, S. (1995). *The Indian Calendar*. Delhi: Motilal Barnasidass.

Shearman, J. (1984). *Manierismo*. (Justo González Beramendi, trad.). Madrid: Xarait.

Speake, G. (ed.) (1999). *Diccionario Akal de Historia del Mundo Antiguo*. (M-P. Bouyssou y M. V. García Quintela, trad.). Madrid: Akal.

Spielvogel, J. J.(2016) *Western Civilization* (10º ed.). Boston: Cengage Learning.

Spinney, L. (2012, agosto, 2) Human cycles: History as science. *Nature 488* (24-26). doi : 10.1038 / 488024a. Recuperado de http://www.nature.com/news/human-cycles-history-as-science-1.11078

Spengler, O. (1966). *La decadencia de occidente: bosquejo de una morfología de la historia universal* (vol. 1, trad. Manuel G. Morente, 11º ed.). Madrid: Espasa-Calpe.

Strachan, W. J. (1976). *Towards Sculpture: Drawings and Maquettes from Rodin to Oldenburg* Boulder: Westview Press.

Streza, N. (2011). *Progress in America: Redefining the American Dream*. Mustang: Tate Publishing.

Sureda, J. (dir.) (1997). *Los siglos del Barroco*. Madrid: Akal.

Tácito (1990). *Historias*. J. L. Moralejo Álvarez (ed.). Fuenlabrada: Akal.

Takacs, S. A. y Cline, E. H. (Eds.) (2015). *The Ancient World* (vols. 1-5). Abingdon: Routledge.

Toynbee, A. J. (1956). *A study of history* (vol. 6 *The Disintigration of Civilizations*, cont., 7º ed.). Oxford: Universidad.

Toynbee, A. J. (1987) *A Study of History*, (vol. 2, *Abridgement of Volumenes 7-10*, D. C. Somervell, ed.) Oxford: University.

Tuchle, H. y Bouman, C. A. (1987). *Nueva historia de la Iglesia* (vol. 3, Reforma y Contrarreforma, A. P. Sánchez Pascual, trad., 2º ed.). Madrid: Ediciones Cristiandad.

Tucker, S. C. (2017). *The Roots and Consequences of Civil Wars and Revolutions: Conflicts that Changed World History*. Santa Bárbara: ABC-CLIO.

Tucídides (1990). *Historia de la Guerra del Peloponeso. Libros I-II* (Trad. J. J. Torres Esbarranch). Madrid: Gredos. (Obra original de la época clásica).

Turchin, P. y Nefedov, S. A. (2009). *Secular cycles*. Princenton: Universidad.

Urquízar Herrera, A. y Cámara Muñoz, A. (coords.)(2015). *El modelo veneciano en la pintura occidental* (2º ed.) Madrid: Ramón Areces.

Valiani, S. (2009) A Tribute To Giovanni Arrighi (1937-2009). *Studies in Political Economy 84* (1). Recuperado de ttp://dx.doi.org/10.1080/19187033. 2009.11675052

Versailles 3D (s.f. a) De Luis XIII a la Revolución. Recuperado 1 agosto 2018, de http://www.versailles3d.com/es/en-video/

Versailles 3D (s.f. b) 1771-1775 : La construction de l'aile Gabriel. Recuperado 1 agosto 2018, de http://www.versailles3d.com/fr/au-cours-des-siecles/xviiie/1771-1775.html

Villar, C. (2014, 6 diciembre) 15 cosas que desconocía del retrato de la Familia Real. *El Mundo*. Recuperado de http://www.elmundo.es/loc/2014/12/06/54820cb2ca474115168b4574.html

Wackernagel, M. (1997). *El medio artístico en la Florencia del Renacimiento: Obras y comitentes, talleres y mercado* (trad. J. Espino Nuño, trad.). Madrid: Akal.

Wallerstein, I. (1984 a). *The Politics of the World-Economy. The states, the movements and the civilizations.* Cambridge: Universidad.

Wallerstein, I. (1984 b). *El moderno sistema mundial* (vol. 2, *El mercantilismo y la consolidación de la economía-mundo europea, 1600-1750,* Pilar López Máñez, trad.). Madrid: Siglo XXI. (Obra original publicada en 1980).

Wallerstein, I. (1987). *El moderno sistema mundial* (4º ed., vol. 1, *La agricultura capitalista y los orígenes de la economía -mundo europea en el siglo XVI,* Antonio Resines, trad.). Madrid: Siglo XXI. (Obra original publicada en 1974).

Wallerstein, I. (2001). *Unthinking Social Science. The Limits of Nineteenth-Century Paradigms.* (2º ed.). Philadelphia: Temple University.

Wallerstein, I. (2017). *El moderno sistema mundial* (3º ed., vol. 2, *El mercantilismo y la consolidación de la economía-mundo europea, 1600-1750,* Pilar López Máñez, trad.). Madrid: Siglo XXI. (Obra original publicada en 1980).

Waxman, S. (2008). *Loot: The Battle over the Stolen Treasures of the Ancient World.* Nueva York: Time Books.

Yurkiévich, S. (1997). *Suma Crítica.* México: Fondo de Cultura Económica.

Zarzeczny, M. D. (2013). *Meteors that Enlighten the Earth: Napoleon and the Cult of Great Men.* Newcastle upon Tyne: Cambridge Scholars.

APÉNDICES

Otros ejemplos del modelo comparativo como recurso didáctico.

LA ANTIGÜEDAD CLÁSICA   GRÁFICO 18

"Todas las cosas desde la eternidad,
son de formas similares,
y giran en círculos".
 Marco Aurelio

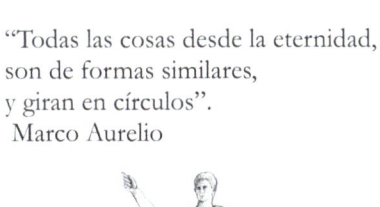
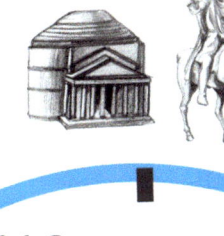

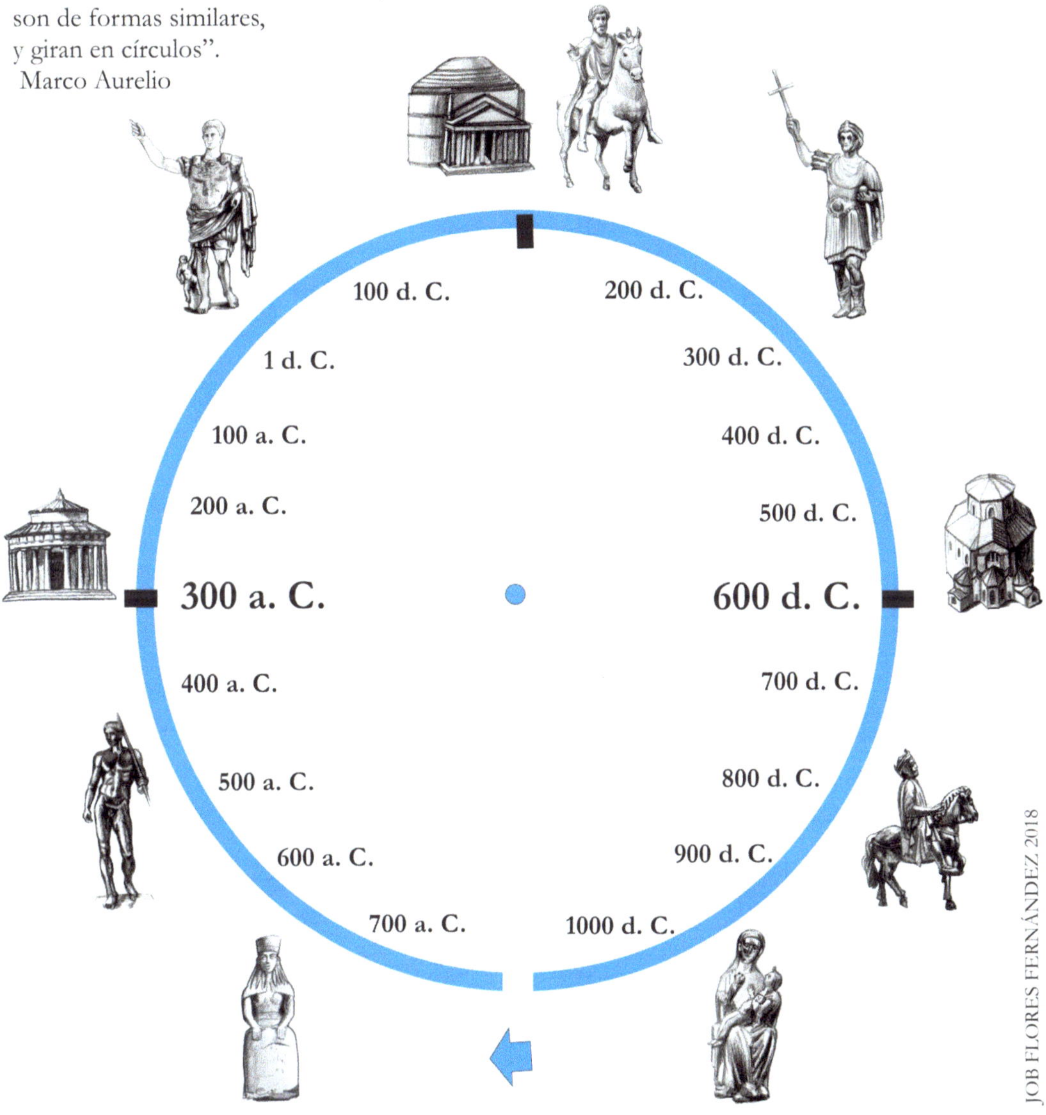

100 d. C.   200 d. C.

1 d. C.   300 d. C.

100 a. C.   400 d. C.

200 a. C.   500 d. C.

300 a. C.   600 d. C.

400 a. C.   700 d. C.

500 a. C.   800 d. C.

600 a. C.   900 d. C.

700 a. C.   1000 d. C.

 JOB FLORES FERNÁNDEZ 2018

Imágenes del autor. En orden cronológico: *Diosa sedente del templo A de Prinias (Creta, 625-600 a. C.), Doríforo (Policleto, 440 a. C.), Tholos de Delfos (IV a. C.), Augusto de Prima Porta (19 a. C.), Panteón (27a. C., 118-125 d. C.), Estatua ecuestre de Marco Aurelio (176 d. C.), El Coloso de Barletta (V-VI d. C.), San Vital de Ravena (525-547 d. C.) Estatua ecuestre de "Carlomagno", y Virgen con el Niño de Essen (980-1000 d. C.)*

Marco Aurelio, *Meditaciones,* Libro 2, capítulo 14, según aparece citado en: Rangel, C. B. y Winter, L. (2007). *And I Haven't Had a Bad Day Since: From the Streets of Harlem to the Halls of Congress.* Nueva York:Thomas Dunne Books/St. Martin's Griffin, p. 111.

                                125

EL ANTIGUO EGIPTO

"El país está girando, como
hace el torno del alfarero"
Admoniciones de Ipuwer

Imperio Antiguo 2550 a. C.
2657-2166 a. C.

III

IV

V

VI

2100 a. C.

Primer Intermedio
2166-2020 a. C.

Imperio Medio 1650 a. C.
2020-1793 a. C.

Segundo Intermedio
1793-1540 a. C.

XII

II

I

3000 a. C.

0

Época Tinita
3000-2657 a. C.

Protodinástico
3150-3000 a. C.

Nagada III
3200-3150 a. C.

Nagada II
3500-3200 a. C.

3450 a. C.

Las imágenes del autor representan: la posible apariencia de la *tumba 1* (HK6, Hieracómpolis), la *mastaba S3038* (Sakkara), la *pirámide escalonada* de Zoser (Sakkara), la *pirámide acodada* de Snefru (Dahshur), la *pirámide regular* de Keops (Giza), la *pirámide* de Unis (Sakkara) y el posible aspecto del *templo funerario* de Mentuhotep II (Deir el-Bahari). Los números romanos se refieren a las dinastías.

Fechas obtenidas de:
López Melero, R. (2011). *Breve Historia del Mundo Antiguo* (2. ed). Madrid: Ramon Areces, p. 469.
Serrano Delgado, J. M. (1993) *Textos para la historia antigua de Egipto*. Madrid: Cátedra, p. 80-81; según aparece en Biblioteca Cervantes Virtual (s.f.). Admoniciones de Ipuwer (fragmento). Recuperado el 10 de junio de 2017, http://www.cervantesvirtual.com/bib/portal/antigua/egipto_textos.shtml#poa6

JOB FLORES FERNÁNDEZ © 2018

GRÁFICO 20

CALCOLÍTICO

Edad del Cobre (Calcolítico)
Tercer milenio a. C.

Los Millares
Valle del Guadalquivir

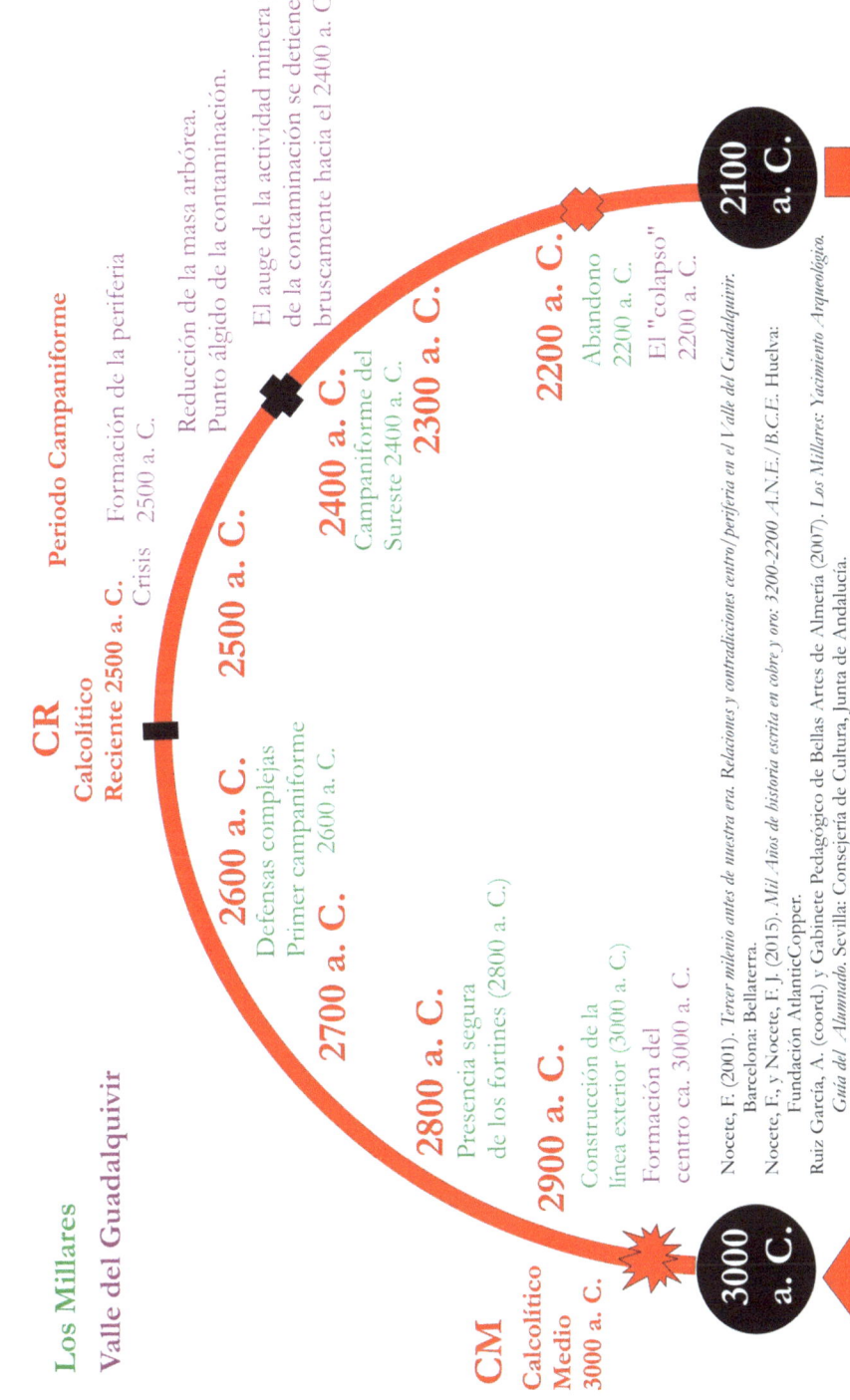

CR
Calcolítico
Reciente 2500 a. C.

Periodo Campaniforme

Formación de la periferia
2500 a. C.

Crisis

Reducción de la masa arbórea.
Punto álgido de la contaminación.

El auge de la actividad minera y
de la contaminación se detienen
bruscamente hacia el 2400 a. C.

2400 a. C.
Campaniforme del
Sureste 2400 a. C.

2300 a. C.

2500 a. C.

2600 a. C.
Defensas complejas
Primer campaniforme
2600 a. C.

2700 a. C.

2800 a. C.
Presencia segura
de los fortines (2800 a. C.)

2900 a. C.
Construcción de la
línea exterior (3000 a. C.)

Formación del
centro ca. 3000 a. C.

CM
Calcolítico
Medio
3000 a. C.

2200 a. C.

Abandono
2200 a. C.

El "colapso"
2200 a. C.

3000
a. C.

2100
a. C.

Nocete, F. (2001). *Tercer milenio antes de nuestra era. Relaciones y contradicciones centro/periferia en el Valle del Guadalquivir.*
Barcelona: Bellaterra.
Nocete, F., y Nocete, F. J. (2015). *Mil. Años de historia escrita en cobre y oro: 3200-2200 A.N.E./ B.C.E.* Huelva:
Fundación AtlanticCopper.
Ruiz García, A. (coord.) y Gabinete Pedagógico de Bellas Artes de Almería (2007). *Los Millares: Yacimiento Arqueológico.*
Guía del Alumnado. Sevilla: Consejería de Cultura, Junta de Andalucía.

JOB FLORES FERNÁNDEZ © 2018

127

GRÁFICO 21

TARTESSOS Y LAS COLONIAS FENICIAS

Edad del Hierro 1200-330 a. C.

Tiro / *Rey de Tiro*
Expansión fenicia
Otras naciones

II. Colonización IX/VIII-VI a. C.

Auza (878-856 a. C.)
Siria y   Kitión (ca. 850 a. C.)
Cilicia   Cartago (814-813 a. C.)
                 Occidente (s. IX a. C.)

III. Periodo Orientalizante

Inicio de las contiendas
con Asiria *ca.* 745-727 a. C.

Fin del imperio *Lulī*
de Tiro 700-640 a. C.

NEOASIRIA
Tributarios de Asiria
desde 876 a. C.

Ithobaal 1

NEOBABILONIA
Nabucodonosor sitia
Tiro (585-572 a. C.)

Fin de la monarquía
en Tiro

Sidón releva a Tiro

HR
Hierro
Reciente
400-330 a. C.

300 a. C.

400 a. C.

HELENISMO
Alejandro Magno
conquista Tiro
333 a. C.

500 a. C. **550 a. C.**
Púnicos

600 a. C.

700 a. C.

800 a. C.

HM
Hierro Medio
900- ca. 400 a. C.

Ophir, Tarshish
Auge comercial
Chipre/Galilea

Hiram 1

Inicio del imperio
de Tiro

I. Precolonización
fenicia XII-X a. C.
Gadir 1104 a. C.?
Útica, Lixus

HA
Hierro
Antiguo
1150-900 a. C.

900 a. C.

1000 a. C.

1100 a. C.

Fenicios
1200 a. C.

Bloqueo de los Pueblos del Mar 1150-1050 a. C.
Se hunden Hatussa, Micenas y Ugarit 1197-1192 a. C.
-Los Filisteos traen hierro de Hatti 1180 a. C.
-Pueblos del Mar, ca. 1200 a. C.
-Israelitas

Transición 1200-1050 a. C.
Sidón potencia en
los siglos XIII-XII

1200 a. C.

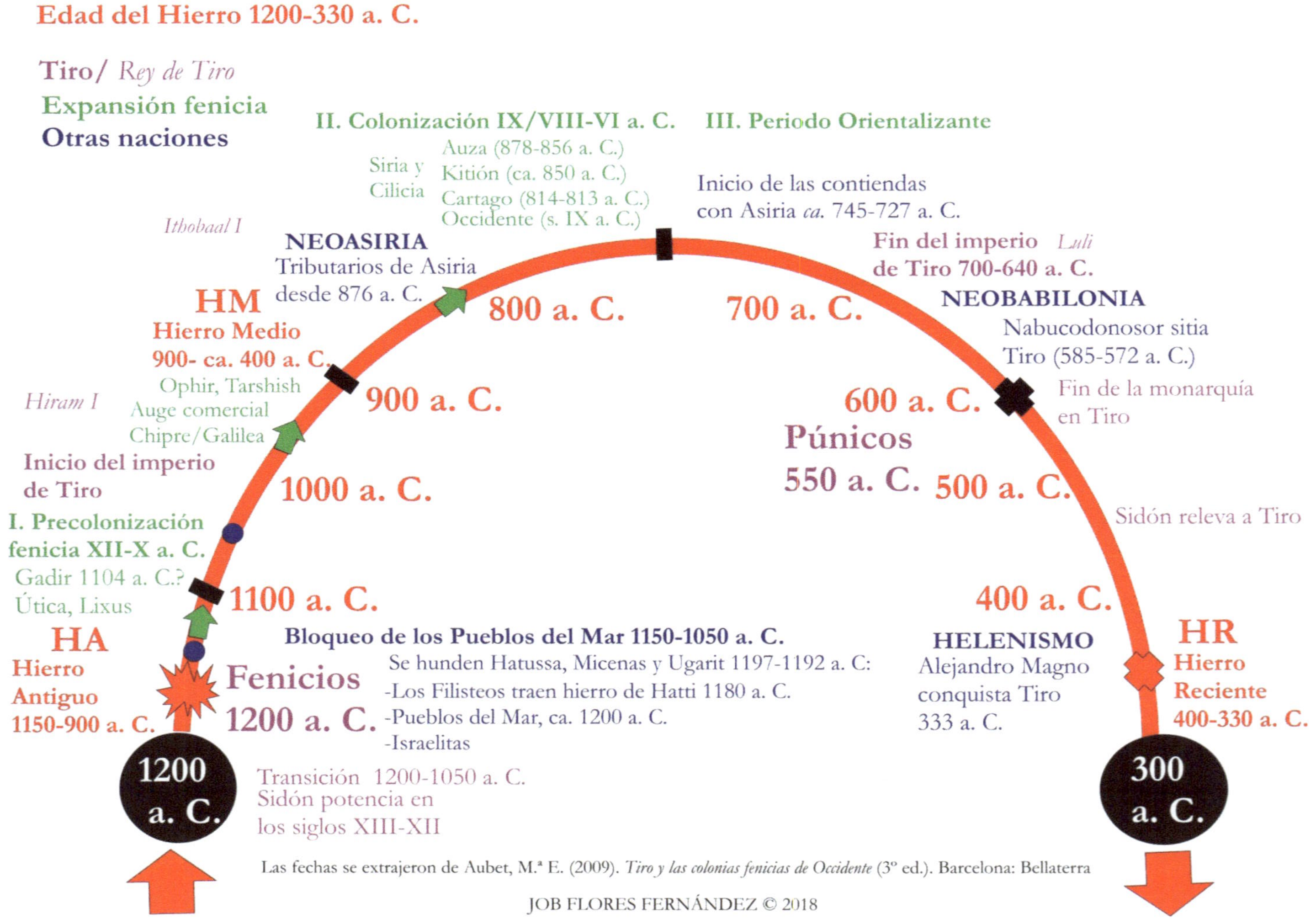

Las fechas se extrajeron de Aubet, M.ª E. (2009). *Tiro y las colonias fenicias de Occidente* (3ª ed.). Barcelona: Bellaterra

JOB FLORES FERNÁNDEZ © 2018

GRÁFICO 22

AL-ÁNDALUS
Edad Media. Siglos V/VI-XV d. C.

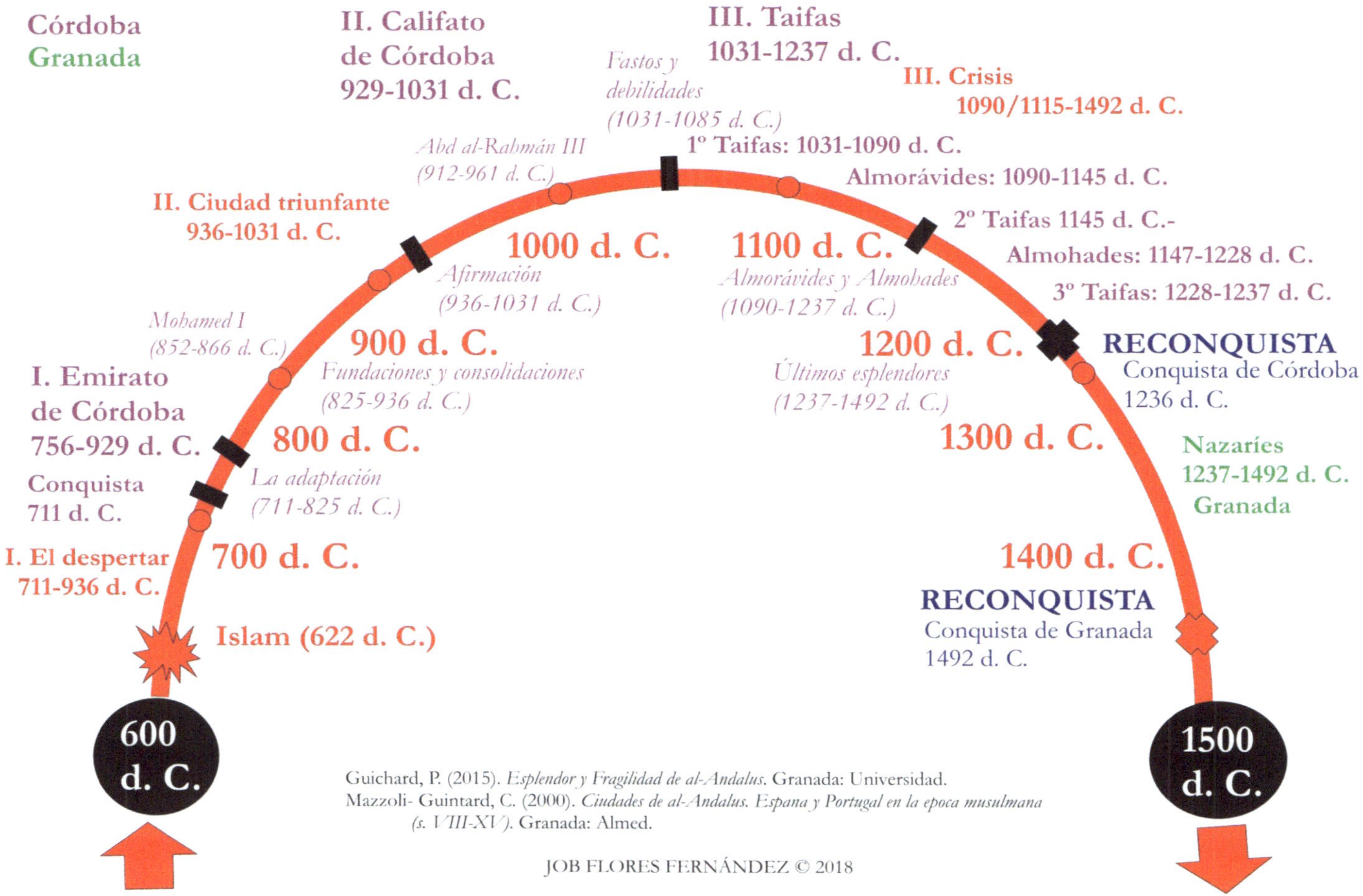

Córdoba
Granada

II. Califato de Córdoba 929-1031 d. C.

III. Taifas 1031-1237 d. C.

III. Crisis 1090/1115-1492 d. C.

Fastos y debilidades (1031-1085 d. C.)

1° Taifas: 1031-1090 d. C.
Almorávides: 1090-1145 d. C.
2° Taifas 1145 d. C.-
Almohades: 1147-1228 d. C.
3° Taifas: 1228-1237 d. C.

RECONQUISTA
Conquista de Córdoba
1236 d. C.

Nazaríes
1237-1492 d. C.
Granada

Abd al-Rahmán III (912-961 d. C.)

II. Ciudad triunfante 936-1031 d. C.

Afirmación (936-1031 d. C.)

1000 d. C.

1100 d. C.

Almorávides y Almohades (1090-1237 d. C.)

1200 d. C.

Últimos esplendores (1237-1492 d. C.)

1300 d. C.

1400 d. C.

RECONQUISTA
Conquista de Granada
1492 d. C.

Fundaciones y consolidaciones (825-936 d. C.)

900 d. C.

Mohamed I (852-866 d. C.)

I. Emirato de Córdoba 756-929 d. C.

Conquista
711 d. C.

800 d. C.

La adaptación (711-825 d. C.)

700 d. C.

I. El despertar 711-936 d. C.

Islam (622 d. C.)

600 d. C.

1500 d. C.

Guichard, P. (2015). *Esplendor y Fragilidad de al-Ándalus*. Granada: Universidad.
Mazzoli- Guintard, C. (2000). *Ciudades de al-Ándalus. España y Portugal en la época musulmana (s. VIII-XV)*. Granada: Almed.

JOB FLORES FERNÁNDEZ © 2018

PROYECCIÓN DURANTE LOS SIGLOS XIX Y XX

GRÁFICO 25

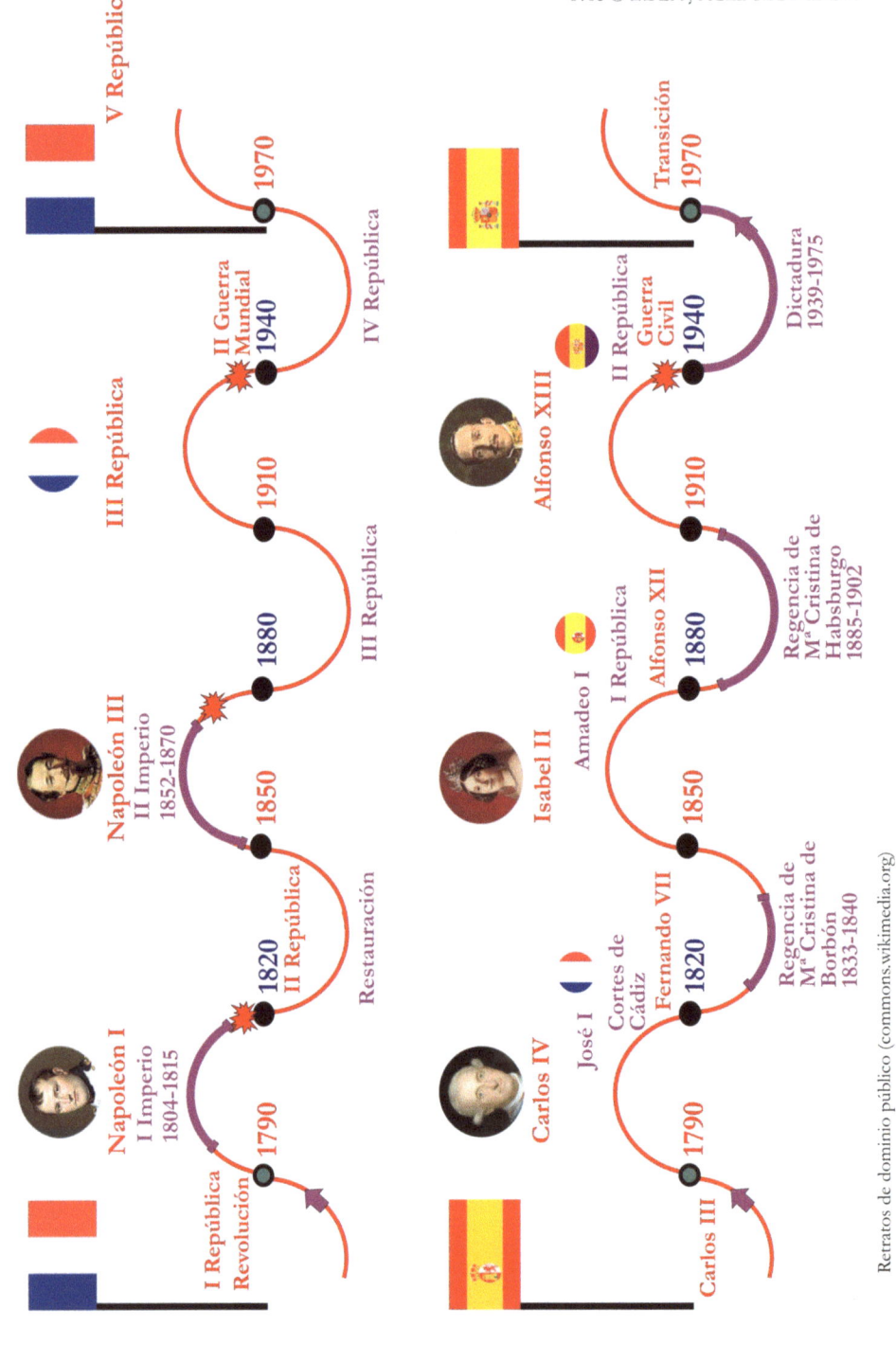

Línea superior (Francia):

Carlos III — 1790 — I República / Revolución — Napoleón I / I Imperio / 1804-1815 — 1820 / II República — Restauración — Napoleón III / II Imperio / 1852-1870 — 1850 — 1880 — III República — 1910 — III República — II Guerra Mundial / 1940 — IV República — 1970 — V República

Línea inferior (España):

Carlos IV — 1790 — José I / Cortes de Cádiz / Fernando VII — 1820 — Regencia de Mª Cristina de Borbón / 1833-1840 — Isabel II — Amadeo I — 1850 — I República / Alfonso XII — 1880 — Regencia de Mª Cristina de Habsburgo / 1885-1902 — Alfonso XIII — 1910 — II República / Guerra Civil / 1940 — Dictadura / 1939-1975 — Transición / 1970

Retratos de dominio público (commons.wikimedia.org)

130

ARTE CONTEMPORÁNEO Y POSMODERNO

GRÁFICO 26

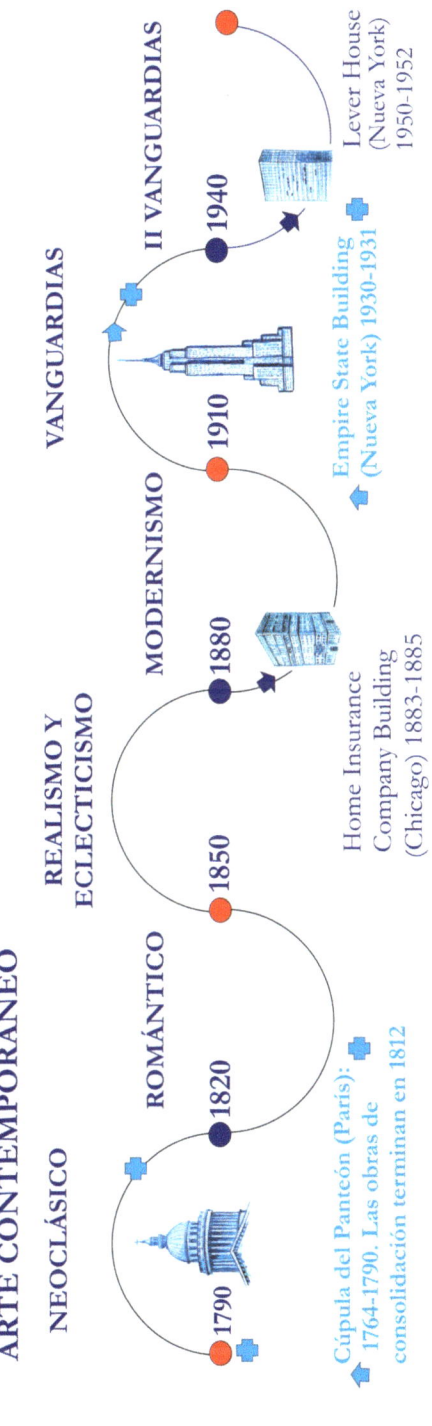

ARTE CONTEMPORÁNEO

NEOCLÁSICO ROMÁNTICO REALISMO Y ECLECTICISMO MODERNISMO VANGUARDIAS II VANGUARDIAS

1790 1820 1850 1880 1910 1940

Cúpula del Panteón (París): 1764-1790. Las obras de consolidación terminan en 1812

Home Insurance Company Building (Chicago) 1883-1885

Empire State Building (Nueva York) 1930-1931

Lever House (Nueva York) 1950-1952

ARTE POSMODERNO

POSMODERNO

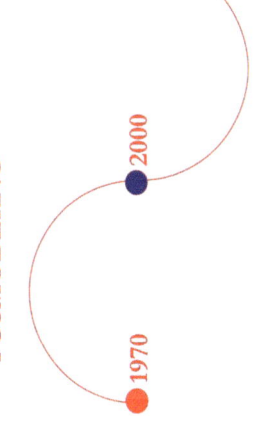

1970 2000

JOB FLORES FERNÁNDEZ © 2018

HITLER: 120 AÑOS DESPUÉS DE NAPOLEÓN.

GRÁFICO 27 a

...Siempre odio comparar a Napoleón con Hitler, ya que parece un insulto al gran guerrero y Emperador, el que se le conecte de alguna manera con un jefe escuálido y carnicero.
Pero hay un aspecto en el que debo trazar un paralelo.   W. Churchill.

Broad, L. (1952). *Wiston Churchill, 1874-1951*. Nueva York: Philosophical Library, p. 490.

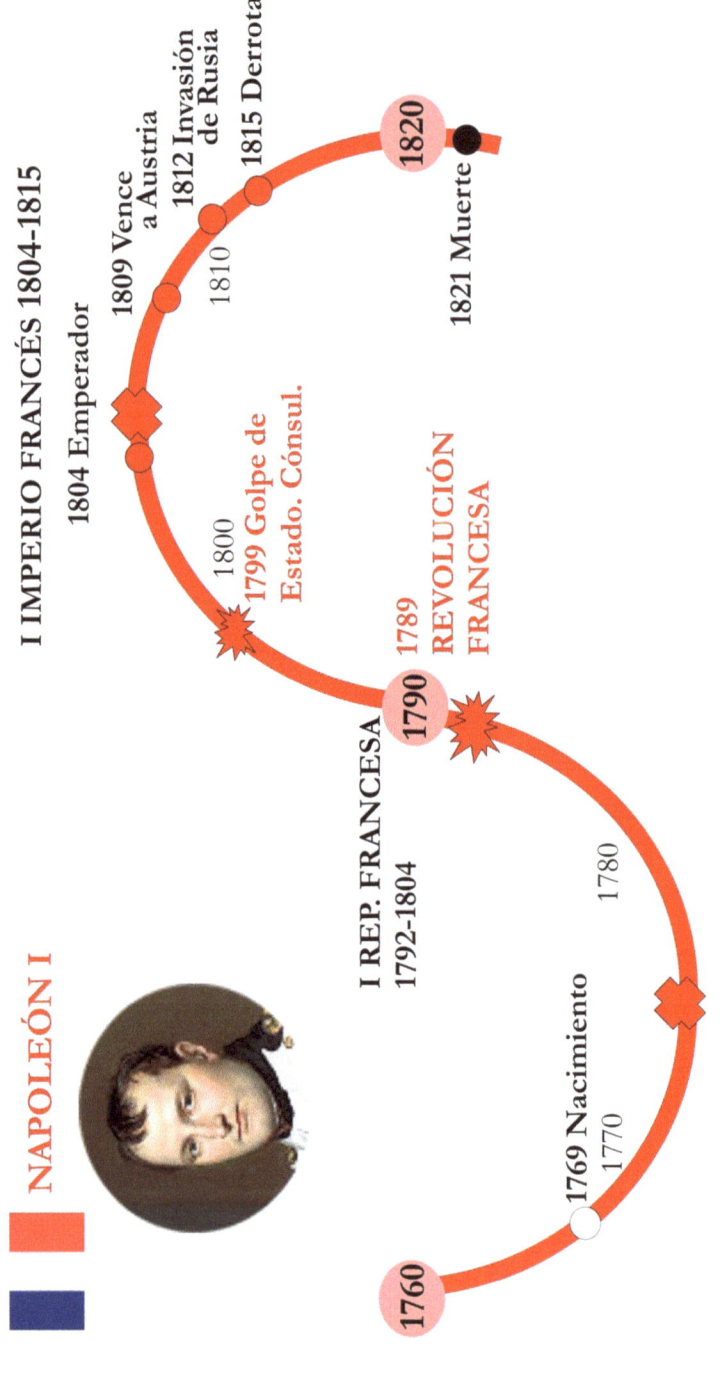

NAPOLEÓN I

I IMPERIO FRANCÉS 1804-1815
1804 Emperador

1809 Vence
a Austria

1812 Invasión
de Rusia

1815 Derrota

1810

1820

1821 Muerte

1800

1799 Golpe de
Estado. Cónsul.

I REP. FRANCESA
1792-1804

1789
REVOLUCIÓN
FRANCESA

1790

1780

1769 Nacimiento
1770

1760

HITLER: 120 AÑOS DESPUÉS DE NAPOLEÓN.

GRÁFICO 27 b

A. HITLER

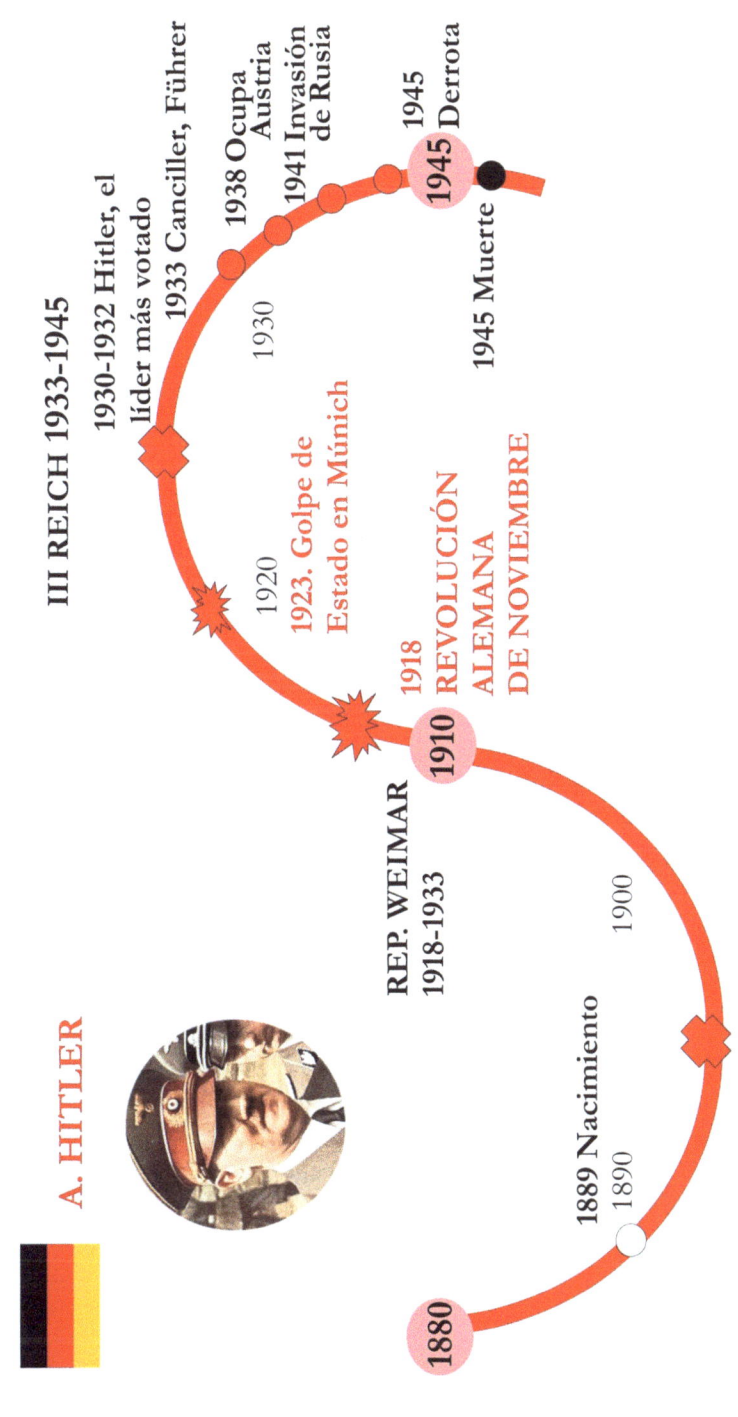

III REICH 1933-1945

1930-1932 Hitler, el
líder más votado

1933 Canciller, Führer

1938 Ocupa
Austria

1941 Invasión
de Rusia

1945
Derrota

1945

1945 Muerte

1930

1920

1923. Golpe de
Estado en Múnich

REP. WEIMAR
1918-1933

1918
REVOLUCIÓN
ALEMANA
DE NOVIEMBRE

1910

1900

1889 Nacimiento

1890

1880

NAPOLEÓN Y JULIO CÉSAR: 1.845 AÑOS

GRÁFICO 28 a

Julio César (100-44 AEC) >	+ 1.845	>Napoleón I (1769-1821 EC)
Guerra de las Galias 58-50 AEC	1787-1795	Revolución Francesa 1789-1799 EC
Guerra Civil 49-45 AEC	**1796-1800**	Campañas de Italia 1796-1797/1800 EC
Campaña de Egipto 48-47 AEC	1797-1798	Campaña de Egipto 1798-1799 EC
Cónsul y Dictador (por 10 años) 46 AEC	**1799**	Primer Cónsul 1.799 EC
Dictador vitalicio 44 AEC	1801	Emperador 1804 EC

Lovano, M. (2015). *All Thing Julius Caesar: An Encyclopedia of Caesar's World and Legacy* (vol.1). Santa Barbara: Greenwood, p. xxx, xxxiii, xxxiv, xxxvi, xxxvii, 24.

López Barja de Quiroga, P. y Lomas Salmonte, F.J. (2004). *Historia de Roma*. Tres Cantos: Akal, p. 224.

Martone, E. (ed.) (2013).*Royalists, Radicals, and les Miserables: France in 1832*. Newcastle upon Tyne: Cambridge Scholars, p. 1.

Connelly, O. (2006 a). *Blundering to Glory: Napoleon's Military Campaigns* (3° ed.). Lanham: Rowman & Littlefield, p. 19, 47, 58, 61, 156.

Connelly, O. (2006 b). *The Wars of the French Revolution and Napoleon, 1792.1815*. Londres: Routledge, p. 119, 250.

GRÁFICO 28 b

NAPOLEÓN Y HITLER: 120 AÑOS

Acciones:	NAPOLEÓN I	HITLER
Nacimiento	1769	1889
Revolución	1789, Francesa	1918, Alemana
República	1792-1804, I Francesa	1918-1933, de Weimar
Golpe de estado	1799, efectivo	1923, fallido
Toma de poder	1804 Emperador	1933, Canciller, *Führer*
Imperio	1804-1815, I Imperio	1933-1945, III *Reich*
Vence a Austria	1809	1938 (ocupación)
Invasión de Rusia	1812, fallida	1941, fallida
Fin del imperio	1815	1945
Muerte	1821	1945

Gibson, M. (2013). *The Fantastic and European Gothic: History, Literature and the French Revolution*. Cardiff: University Wales, p. 220.
Ridderbos, K. (ed.) (2003). *El tiempo* (María Condor, trad.). Cambridge: Universidad, p. 102.

JOB FLORES FERNANDEZ 2018

PAX ROMANA Y PAX MODERNA

GRÁFICO 29 a

ANTIGÜEDAD CLÁSICA

a. **DE LA GUERRA DE LAS GALIAS A LA BATALLA DE ACCIO** — **PAX AUGUSTA/ROMANA**

JULIO CÉSAR Y M. ANTONIO — DINASTÍA JULIO-CLAUDIA

58 a. C. — 27 años — 31 a. C. — 100 años — 69 d. C.

b. **DEL AÑO DE LOS CUATRO EMPERADORES A LAS GUERRAS DACIAS** — **PAX ROMANA**

DINASTÍA FLAVIA — DINASTÍA ANTONINA

69 d. C. — 27 años — 96 d. C. — 97 años — 193 d. C.

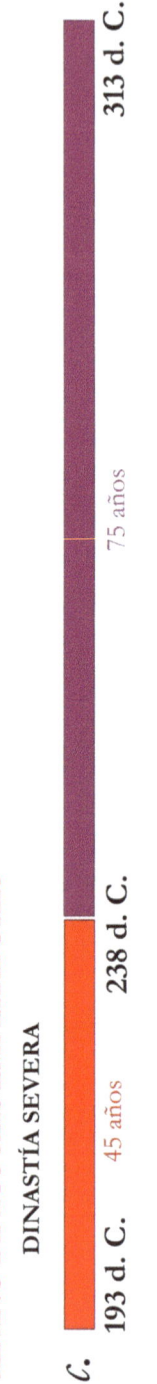

c. **DEL AÑO DE LOS CINCO EMPERADORES AL AÑO DE LOS SEIS EMPERADORES** — **DE LA CRISIS A CONSTANTINO**

DINASTÍA SEVERA

193 d. C. — 45 años — 238 d. C. — 75 años — 313 d. C.

JOB FLORES FERNÁNDEZ 2018

GRÁFICO 29 b

PAX ROMANA Y PAX MODERNA

EDAD MODERNA

DE LA REVOLUCIÓN FRANCESA A LA BATALLA DE WATERLOO

a.

1789 d. C.   26 años   1815 d. C.

PAX BRITANNICA

99 años

1914 d. C.

DE LA PRIMERA A LA SEGUNDA GUERRA MUNDIAL

b.

1914 d. C.   31 años   1945 d. C.

PAX AMERICANA

¿?

¿?

CONFLICTOS SEÑALADOS EN LOS TERRITORIOS DE
LA EXTINTA CORONA DE ARAGÓN (EDAD MODERNA)

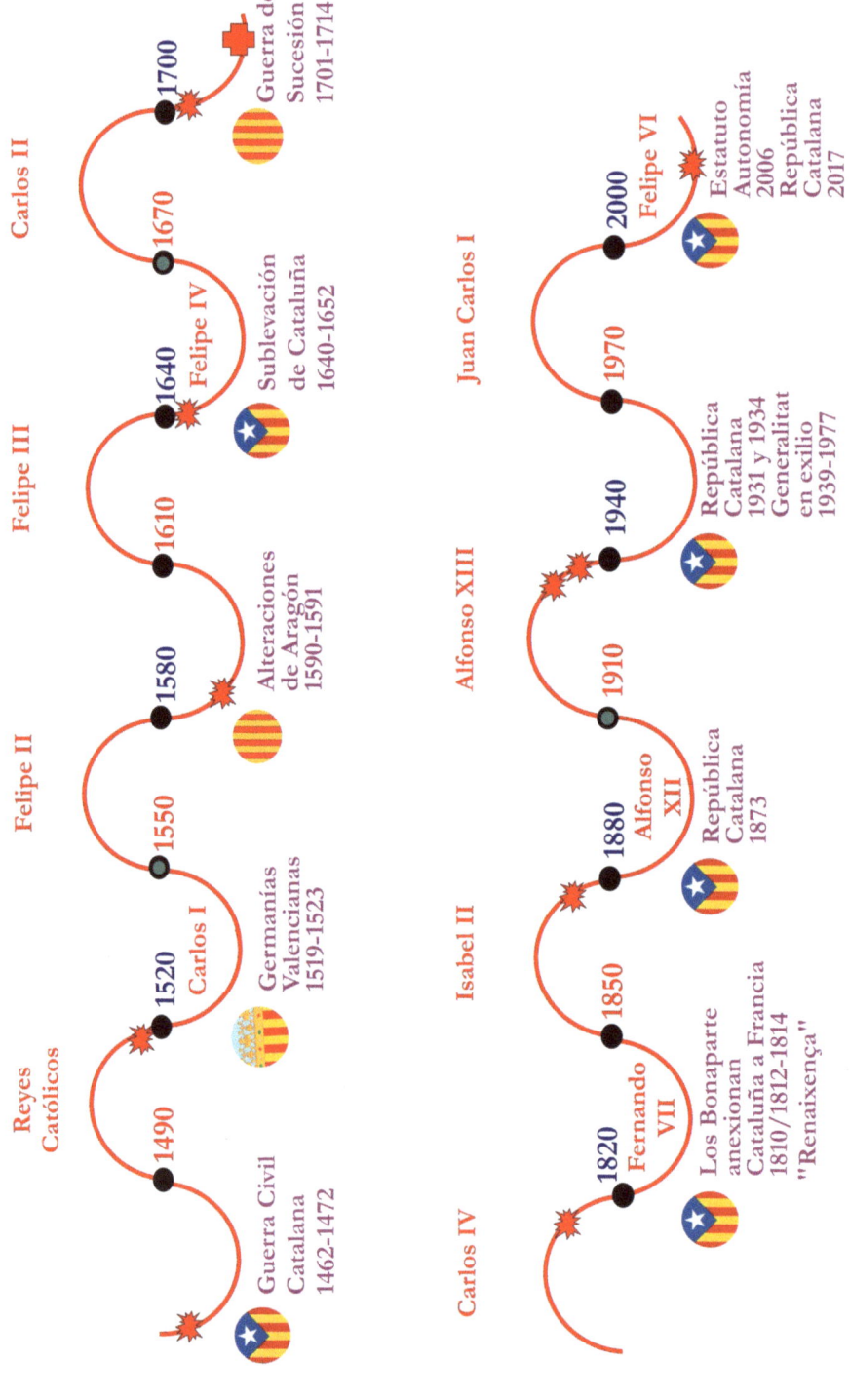